Ludwig von Cornaro

Strategische Betrachtungen über den Krieg Jahre

1812

Ludwig von Cornaro

Strategische Betrachtungen über den Krieg Jahre
1812

ISBN/EAN: 9783744634731

Hergestellt in Europa, USA, Kanada, Australien, Japan

Cover: Foto ©ninafisch / pixelio.de

Weitere Bücher finden Sie auf **www.hansebooks.com**

I.
Ueber den allgemeinen Kriegsplan der Russen.

Der von der Regierung eines Staates, mit Rücksicht auf den verfolgten Zweck, verfasste allgemeine Kriegsplan, bestimmt in grossen Zügen die Art und Weise, wie der Krieg geführt werden soll, den Raum, bezüglich die Richtung, in der man hoffen darf, seinen Zweck am ehesten zu erreichen, endlich die Kraft, die man dazu verwenden will oder kann, worunter jedoch alle kraftbildenden Elemente verstanden werden müssen.

Um die Grösse der Kraft zu bestimmen, oder richtiger gesagt, um zu erkennen, ob diejenige, welche der Staat bei höchster Anspannung zu entwickeln vermag, ausreichen wird, ist ein Vergleich mit der Summe aller Kraftfactoren beim Gegner unerlässlich. Erst dann wird man erfahren, welchen Widerstand man zu überwinden hat, oder welchen Widerstand man einer feindlichen Offensive entgegenstellen muss.

Nach den Ereignissen des Jahres 1809 gebot der französische Kaiser in einem grossen Theile Europa's; in dem übrigen, Russland und England ausgenommen, besass er mächtigen Einfluss; selbst Oesterreich und Preussen, insbesondere aber letzteres seiner geografischen Lage wegen und weil es durch die Ereignisse der Kriegsjahre 1806 und 1807 auf ein kleines Gebiet reducirt und dem Willen des französischen Kaisers unterworfen worden war, konnten nicht hoffen, bei irgend welchen neu entstehenden kriegerischen Verwicklungen passive Zuschauer bleiben zu dürfen, wenn das Machtgebot Napoleon's, dessen überlegene geistige Grösse sie schon oft gefühlt, active Betheiligung von ihnen heischte.

Russland sah sich am Vorabende eines Krieges. Es sollte ihn bestehen ohne Feldherrn von besonderem Namen, mit einer an Zahl schon absolut geringeren Armee, von der überdiess, eine Folge der weiten Räume, für den Beginn des Krieges nur wenig über 200.000 Mann an den Grenzen des Reiches verfügbar gemacht werden konnten, um einer Invasion zu widerstehen.

Wenn man dieses Kraftverhältniss in's Auge fasst, und die Erkenntniss desselben mag doch den Partheien ziemlich nahe gelegen sein, wird man zugestehen müssen, dass Russland weder in der Lage war, durch eine frühe Offensive den Absichten des Gegners zuvorzukommen, noch zum Schutze des Landes nahe der Grenze eine Hauptschlacht zu schlagen, schon mit Rücksicht auf das Princip „nie dasjenige zu thun, was der Feind will."

Da es nämlich vorauszusetzen war, dass es Napoleon schon wegen der weiten Räume Russlands und der bedeutenden Entfernung des Operations-Objectes daran liegen musste, die russische Armee so bald als möglich entscheidend zu schlagen, hiemit die Willenskraft des Gegners zu brechen und denselben bald zu einem ihm nachtheiligen Frieden zu zwingen; da ausserdem Napoleon auch die genügende Kraft beisammen hatte, diese seine Absicht durchzusetzen, wenn sich die Russen ihm zur Hauptschlacht boten, weil dieselben bei ihren inferioren Mitteln nicht hoffen konnten, nahe der Grenze, ohne dass ihr Gegner vorher geschwächt worden sei, einen grossen Sieg zu erkämpfen, — so schien es aus allen diesen Gründen naturgemäss geboten, dem modernen Hannibal die Geduld eines Fabius gegenüber zu stellen,*) bis die Umstände und das Verhältniss der gegenseitigen Kraft zur Hauptschlacht berechtigten.

Dies führt zur Erörterung der Frage, worin die Kraft eines Landes für den Krieg besteht?

Zu dieser wird man nun nicht allein das Heer und jene Hilfsquellen zählen müssen, die zu dessen Erhaltung und Ergänzung das Land bietet, und die Bundesgenossen, die man gewonnen hat oder zu gewinnen meint, sondern auch alle jene Factoren, welche aus der Ausbeutung der eigenthümlichen natürlichen Beschaffenheit des Landes entspringend, einerseits directen eigenen Vortheil gewähren können, andererseits aber schwächend und schädigend auf den Gegner einwirken werden.

Es müssen also bei der Würdigung der Kraft eines Landes für den Krieg, nebst den positiven, auch die negativen Kraftelemente in Betracht gezogen werden.

---

*) Smitt: „zur näheren Aufklärung."

Steht man, wie Russland im Jahre 1812, ganz allein, ist man auf die eigenen Mittel angewiesen, so muss sich mehr als je das Bestreben geltend machen, jene fehlenden äusseren Bundesgenossen durch solche zu ersetzen, die möglicherweise die Natur des eigenen Landes bietet, und durch die Art der Kriegführung auf indirectem Wege den Zuwachs an Kraft zu suchen, der zur günstigen Entscheidung nothwendig ist, vorläufig aber noch fehlt.

Die Lage Russland's war in der Geschichte schon vorgekommen. Im Jahre 1708 beabsichtigte Karl XII. von Schweden, der Napoleon seiner Zeit, in Russland vorzudringen, um seine siegreichen Waffen gegen seinen letzten und mächtigsten Feind zu kehren.

Zum Glücke Peters I. wählte der schwedische König nicht die Ostseeländer, wie die früheren Male, zum Kriegsschauplatze, sondern beschloss über Grodno, Wilna und Smolensk auf Moskau, in's Herz des Reiches, loszurücken.

Er überschritt den Niemen bei Grodno nach einem unbedeutenden Gefechte; seine Absicht jedoch, die Russen zu einer entscheidenden Schlacht zu zwingen, misslang, indem diese nach dem Innern des Reiches auswichen.

Die Retirirenden rastlos verfolgend, gelangte Karl XII. am 15. Juni 1708 über Wilna an die Beresina bei Borissow und schlug den Weg nach Smolensk ein; der König mit seinem ermatteten Heere ermangelte der dringendsten Bedürfnisse, welche ihm Löwenhaupt mit frischen Truppen zuführen sollte. Statt nun diesen abzuwarten, liess er sich durch den Kosakenhetmann Mazeppa, der sich mit schwedischer Hilfe von der russischen Oberherrlichkeit frei machen wollte und dem König Hilfstruppen und Lebensmittel versprach, zu einem höchst beschwerlichen Marsche in die von ungeheuren Wäldern und Steppen bedeckte Ukraine bereden. Gegen Löwenhaupt wandten sich nun die Russen mit ganzer Macht und so glänzende Proben dieser auch ablegte, so konnte er doch nur mühsam, mit Verlust der Artillerie, des Gepäcks und aller Vorräthe, mit sehr reducirter Kraft den rastlos vorwärts eilenden König erreichen.

Auf die herbstlichen Regengüsse, welche Krankheiten erzeugten und die Wege zerstörten, folgte ein äusserst harter Winter, der die Kraft der Schweden vollends herabbrachte, während sich die Versprechungen Mazeppa's als unwahr erwiesen und die Kosaken wenig Lust zeigten, sich der russischen Schutzherrlichkeit zu entziehen. Mit verblendetem Starrsinne rannte der König in sein Verderben; viele seiner abgehärteten Soldaten erlagen der Kälte, Tausende erstarrten an Händen und Füssen; feindliche Schaaren, die ihnen nachsetzten und jede missliche Lage zum Angriffe benutzten, lähmten den Muth, und der Abgang an Lebensmitteln brach auch des Stärksten Kräfte. Bei Pultawa endlich unterlagen sie dem, mit einer bedeutenden Streitmacht erschienenen Czaren Peter.

Die russische Geschichte enthielt somit schon einen Präcedenzfall für das Benehmen gegen einen überlegenen Angreifer; — die Bundesgenossen, welche fehlten, musste man in der Natur des Landes suchen, in den weiten Räumen, der dünn vertheilten Bevölkerung, der schlimmen, rauhen Jahreszeit, dem unvermeidlichen Hunger. Das Verhalten der Heere Peters des Grossen gegen Karl XII. hatte für einen analogen Fall bereits das Princip geschaffen: Zurückweichen, weil man, wenn an der Grenze geschlagen, selbst einen schwierigen Rückzug nach dem Centrum des Reiches hätte; den Feind aber immerwährend, besonders in Flanke und Rücken beunruhigen, ihm die Subsistenz entziehen, ihn abmatten, schwächen; die Entscheidung bis zum Winter hinausziehen, da die für Operationen geeignete Zeit in Russland ohnedem kurz bemessen ist; endlich aber, wenn er fern von seinem Lande oder seinen Ressourcen, der Ersatz daher sehr schwierig, wenn nicht unmöglich ist, wenn er durch Anstrengungen, Entbehrungen, das Klima und die zur Sicherung des Rückens nothwendigen Entsendungen hinlänglich geschwächt ist, über ihn herfallen und ihn vernichten, — dies musste die Handlungsweise der Russen sein.

Die Richtigkeit dieses Satzes in jenen Fällen, wo die Vorbedingungen zutreffen, wird schon allein dadurch klar, wenn man bedenkt, welche Schwierigkeiten eine grosse Armee in spärlich bevölkerten, wenig angebauten oder sogar verheerten Ländern findet, sich mit allen Bedürfnissen zu versehen.

Der Landstrich, durch welchen die kürzeste Verbindung aus Polen gegen das Centrum Russland's führt, zählte ungefähr 800 Einwohner auf die Quadratmeile.

Nun weiss man erfahrungsgemäss, dass bei einer derartigen Bevölkerungsziffer und bei mittleren Cultur-Verhältnissen, vorausgesetzt, dass keine Devastation stattfand oder das Land vorher nicht stark in Anspruch genommen, oder durch Missernten erschöpft wurde, auf einer Quadratmeile kaum 60.000 Mann einen Tag vom Lande allein zu leben vermögen.

Diese, der Erhaltung eines Heeres an und für sich höchst ungünstigen Verhältnisse, werden in Russland noch erheblich verschlimmert, durch die geringe Zahl einigermassen bedeutender Städte, welche doch in der Regel (Fabriksdistrikte ausgenommen) die meisten Ressourcen bieten, durch die Lebensweise und das völlige Abhängigkeits-Verhältniss des russischen Bauern, durch die Leichtigkeit, Vorräthe nach den nicht fernen Wäldern zu flüchten, und endlich durch den Mangel an Mühlen auf dem platten Lande.

Will man ferner über dasjenige ganz im Reinen sein, was man thun muss, so gilt nicht wenig die Beurtheilung der Eigenthümlichkeit des Gegners und seiner Kriegsweise. Napoleon, dessen Kriegsprincip die offensive Thätigkeit war, welches auf Raschheit der Bewegung der Massen nach dem wichtigsten Raume basirte, hatte deshalb ein Verpflegssystem, das zum grössten Theile auf Requisition begründet war. Es war daher vorauszusehen, dass mit Rücksicht auf die geringe Leistungsfähigkeit des Landes und die grosse Stärke der französischen Armee, dieselbe nie lang beisammenbleiben könne, dass vielmehr Napoleon, um die Verpflegung seines Heeres zu erleichtern und dadurch zugleich dessen Bewegung zu fördern, eine breite Operationsfront einnehmen, seine Colonnen zur Schlacht zusammenziehen, nach derselben aber wieder theilen werde.

Ein solches wiederholtes Zusammenziehen und Ausbreiten zu veranlassen, konnte aber nur im Interesse der Russen liegen, denn Beides war für die Franzosen zeitraubend, verschaffte also dem Vertheidiger Zeitgewinn, nach dem er streben musste.

Es schien daher geboten, mit der Armee öfters starke Stellungen zu beziehen, als wolle man sich in ihnen schlagen; dann aber, sobald der Feind im Begriffe ist, sich zusammenzuziehen, um mit überlegener Kraft den gesuchten Hauptschlag zu führen, wieder aufzubrechen, um nach einigen Märschen neuerdings Halt zu machen und dasselbe Spiel zu wiederholen.

Die russische Armee wagte dabei wenig, noch unterlag ihre Verpflegung besonderen Schwierigkeiten; sie konnte in Masse sich bewegen, weil sie ihre Verpflegung gesichert hatte, indem sie im Zurückgehen auf ihre vorbereiteten Magazine traf; die französische Armee aber war, wie oben bemerkt, genöthigt sich zu theilen, um zu leben und bot dadurch dem Gegner neben Zeitgewinn auch noch den möglichen Anlass zu partiellen, vortheilhaften Kämpfen.

Berücksichtigte man ferner die Feldherrngrösse des Mannes, der an der Spitze der französischen Armee stand, seine Ueberlegenheit, die besonders im raschen Denken und Handeln zum Ausdruck gelangte, so musste man die Ueberzeugung gewinnen, dass man, wenn nicht durch besonders günstige Umstände unterstützt, Acte vermeiden müsse, wo die Entscheidung in Secunden liegt, also grosse Feldschlachten, wo die rasche, geistvolle Idee über den langsamen Entschluss siegt. *)

Dagegen muss man bei geistiger Inferiorität mit Zeit und Raum im Bunde handeln, die Vortheile des Bodens und dessen künstliche Herrichtung benützen, den Gegner ermüden und die Entscheidung bis zu einem günstigen Augenblicke hinausschieben, also die Schlacht erst dann schlagen, wenn man überwiegende Vortheile in der Zahl der Truppen, günstigen Terrainverhältnissen, gesicherter Verpflegung und ungefährdetem Rückzug besitzt. Dies sind sodann Vortheile, welche auch dem langsamen Entschlusse die genügende Ueberlegenheit geben können.

Fasst man das Gesagte zusammen, so wird man zugeben müssen, dass, bei der Eigenthümlichkeit des Falles, die strategische Idee für die Vertheidigung Russland's gegen Napoleon, auf Zeitgewinn basiren und darin bestehen musste, die furchtbare französische Armee bis in's Herz Russland's, bis hinter Moskau, nach sich zu ziehen, um sie zu ermüden, von ihrer Operationsbasis zu entfernen, ihr dadurch den Nachschub der unentbehrlichsten Bedürfnisse immer schwieriger, ja selbst ganz unmöglich zu machen, wenn man es verstand, ihre Flanke und Rücken fortwährend zu belästigen. Waren dann der Franzosen Hilfsmittel erschöpft, ihr Material verbraucht, ihr Muth gesunken, ihr Vertrauen gebrochen; dies alles beim Vertheidiger jedoch erhalten, so konnte dem Feinde, begünstigt durch die Strenge des Himmelstrichs, ein zweites Pultawa bereitet werden, wenn auch erst, wie Barclay sich ausdrückt, an den Ufern der Wolga.

Diese Idee, für welche, wie bereits bemerkt, die russische Geschichte ein Präcedenz besass, ja selbst kurz vorher 1810 das Benehmen Wellington's in Portugal, sein Rückzug nach den Linien von Torres Vedras, das Verwüsten des Landes und das Ueberschwemmen desselben mit Partheigängern, ein Beispiel bot; — herrschte nicht allein in den Köpfen aller Gebildeten Russland's, sondern so zu sagen im Volksbewusstsein und aus ihr entwickelte sich allmälig der specielle Entwurf.

In den letzten Monaten des Jahres 1810 und im Laufe des Jahres 1811, als die Gefahr eines Conflictes mit Frankreich nahe

---

*) Smitt.

trat, erschienen wohl an dreissig Entwürfe für den bevorstehenden Krieg, von denen die grösste Zahl auf die eben bemerkte Idee aufgebaut war. Nur eine kleine Anzahl unter ihnen war für die Offensive über die Grenze, unter Mitwirkung Preussens.

Allein abgesehen davon, dass dieser Staat damals zu Boden lag und der Aufschwung der Geister daselbst noch nicht so weit gediehen war, um unter der ehernen Hand des Eroberers die allgemeine Erhebung voraussetzen zu lassen, waren die Mittel zu dem vorgeschlagenen agressiven Vorgehen gegenüber der kolossalen Macht Napoleon's völlig unzureichend.

Vornehmlich waren es zwei Pläne, welche die Aufmerksamkeit auf sich lenkten. Der Plan Wolzogens, schon im October 1810 dem Kaiser Alexander vorgelegt, fusste auf der besprochenen Idee. Er verlangte: eine gute Operationsbasis, zweckmässige Richtung der Operationslinie, u. z. diejenige, welche der Feind wählen dürfte, um sie durch die Armee-Aufstellung stets zu decken, also die directe Vertheidigung und nicht die indirecte aus einer Flankenstellung, wie sie in dem Phull'schen Operationsplane angenommen wurde; sie sollte die grösstmöglichste Länge haben, um ausweichen zu können und Zeit zu gewinnen, einen auf Bewegung gegründeten Defensivkrieg führen zu können; gute Positionen, die genaue Erforschung und Vorbereitung des Kriegstheaters; grosse Waffenplätze als Schlusssteine des Defensiv-Systems, im Interesse des Zeitgewinnes auf der wichtigsten Linie; endlich den Krieg des Partheigängers, der gegen einen von Requisition lebenden Gegner besonders wichtig ist, indem er ihn zu schwächenden Entsendungen veranlasst.

Zum Schlusse bemerkt Wolzogen ganz richtig: „Welches System „man übrigens adoptire, die Hauptsache ist, dass man im Voraus „wisse, was man thun wolle, und dann sich auch strenge an den „einmal gefassten Plan halte;" er verlangt also die im Kriege so nothwendige Entschiedenheit und Consequenz in der Durchführung gefasster Entschlüsse.

Der zweite bemerkenswerthe Entwurf war der durch den Admiral Mordwinow überreichte von d'Allonville, einem französischen Emigranten.

Er bestätigte im Allgemeinen die Idee Wolzogens; er bemerkt unter andern, dass man Napoleon, der einen raschen, fruchtreichen Krieg wolle, zwingen müsse, einen langsamen, aufreibenden zu führen; dass man daher ihm gegenüber einen methodischen Krieg führen solle; zu vermeiden sei es, sich durch Hitze zu weit fortreissen zu lassen; dagegen müsse man das Land mit Kosaken überschwemmen, viel kleine Gefechte liefern, welche Vertrauen einflössen und den Feind allmählig aufreiben, endlich Zeit gewinnen, die Entscheidung bis zum Winter hinziehen u. s. f.

Worin alle Pläne übereinstimmten war: den Krieg in die Länge zu ziehen, entscheidende Schlachten zu vermeiden, viel Gebrauch von leichten Truppen zu machen, den Partheigängerkrieg zu organisiren und Zeit, Raum, Klima, Noth und Hunger auf den Feind wirken zu lassen. *)

Die in einigen Vorschlägen zur Sprache gebrachte Idee, vor Beginn des Krieges die nächsten Grenzstrecken völlig zu verwüsten, wie es Melac in der Pfalz, Wellington in Portugal gethan, wurde vom Kaiser Alexander als grausam und ungerecht verworfen.

II.
Ueber die Gruppirung der russischen Streitkräfte bei Beginn des Krieges.

Die Aufstellung der russischen Kräfte im nördlichen Operationsraume (1. und 2. Westarmee) vor Beginn des Krieges, also auf ihrer ersten Operationsfront, könnte man, mit Rücksicht auf ihre Beziehungen zu den nach dem Innern Russland's führenden Communicationen, in drei Gruppen scheiden.

Der Haupttheil der Armee, die Hauptgruppe, das 1., 2., 3., 4. und 5. Corps und das erste Cavallerie-Corps, stand vor jenem Communicationsbündel, welches zur Düna und gegen Petersburg zieht; die kleinere Gruppe, die II. Armee, Bagration, deckte in ihrer Aufstellung die Verbindungen, welche nördlich und südlich der Sumpflandschaft des Prżipiec nach südöstlicher Richtung abgehen; eine dritte Gruppe endlich, das sogenannte Mittelcorps, das 6. Infanterie- und 3. Cavallerie-Corps, sollte die Verbindungen auf Moskau decken.

Fasst man nun diese Aufstellung als Ganzes, bezüglich ihrer Berechtigung und der Absicht in's Auge, der sie ihr Entstehen verdankt, so findet man vor allem — entgegen jenem obersten Grundsatz, der das Vereintbleiben empfiehlt, entgegen den theoretischen Lehren von der strategischen Aufstellung, von den Bedingungen der strategischen Kräftevertheilung im Grossen, welche das Beherrschen des

---

*) Smitt: zur näheren Aufklärung über den Krieg von 1812. Seite 308.

Raumes befürworten, ein Beherrschen, das durch die Vereinigung der Kraft in dem wichtigsten Raume, der gefährlichsten Richtung entsprechend, zum Ausdruck gelangen muss; — so findet man, sagen wir, die russische Armee kaum 180.000 Mann stark, in Erwartung des Angriffs eines schon an Zahl mehr als doppelt überlegenen Gegners, in drei Theile geschieden, auf einem halbmondförmigen Bogen vertheilt, der von Rossiene auf dem rechten, bis Wolkowysk auf dem linken Flügel eine Länge von 50 deutsche Meilen hatte.

Bei solcher Kraftzersplitterung entstand eine strategische Situation, die einem überlegenen Angriffe gegenüber verderblich werden musste, und die sogar schon einem absolut schwächeren Gegner Gelegenheit bot, relativ stärker aufzutreten, wenn er mit zusammengehaltener Kraft auf das Centrum dieser langen Linie losging, sie durchbrach und aus der Summe der Detailkämpfe, mit dem Ganzen gegen die Theile des Gegners, die Entscheidung zog.

Man kann die Kraft bekanntlich vereint nennen, wenn sie auf **einer** Operationslinie steht, d. h. mit anderen Worten, wenn sie fähig ist, **als Ganzes** wirksam zu werden.

Da dies jedoch hier nicht der Fall war, so kann man sagen, dass jede der drei Gruppen ihre eigene Operationslinie hatte; von diesen zielte die der Hauptgruppe gegen die Düna und auf Petersburg; sie war einfach, wiewohl aus mehreren Marschlinien bestehend, indem bei der Stärke dieser Gruppe, dieselben in eine Operationslinie zusammenfielen.

In der Aufstellung Bagrations lag durch die Frontrichtung die Tendenz nach Nordwest ausgesprochen, während Barclay Front nach Südwest machte.

Indem nun schon darin die Idee des Umfassens und die Richtung, in der man den Hauptangriff zwischen beiden Fronten vermuthete ausgedrückt ist, machte sich zugleich das Bedürfniss geltend, die im Centrum völlig entblösste Operationslinie auf Moskau zu decken, was die Bildung des schwachen, hiezu unfähigen Mittelcorps verursachte.

Die Aufstellung Bagrations konnte zwar auf die Operationslinie am Nordrande der Pinski'schen Sümpfe gegen den Dniepr rechnen, allein sie stand in viel engeren Beziehungen zum südöstlichen Communikations-Systeme gegen Kiew. Die Przipiec Sümpfe, ein nur für untergeordnete Kräfte passirbares Durchzugsland, trennen das östliche und südöstliche Communikations-System, während die Trennung zwischen dem nördlichen und östlichen nur durch die

Ausdehnung des Raumes bewirkt wurde. Die Nachtheile dieses Vertheilens auf drei Operationslinien zeigen sich schon in den ersten Bewegungen; bei dem Umstande nämlich, als der Centralpunkt Swięciany aus der Gegend von Kowno eher zu erreichen ist, als aus der Aufstellung des Mittelcorps, geschah es, was man voraussetzen konnte, dass dieses Corps, in Folge seiner höchst ungünstigen Lage zur Rückzugslinie der Armee, beinahe abgedrängt worden wäre, und nur durch die grössten Anstrengungen gelang es Dachturoff um die Spitze Davoust's herum zur Armee zu stossen; der Arrièregarde hingegen unter Dorochof (2 Infanterie-, 1 Hussaren-, 2 Kosaken-Regimenter), war dies nicht mehr möglich; sie sah sich zum Anschluss an Platow und mit diesem später an Bagration genöthigt. Die zweite West-Armee endlich, konnte die erste erst bei Smolensk erreichen.

Eine eigentliche Centralstellung im Sinne der theoretischen Lehre war nicht vorhanden; man kann das Reserve-Corps bei Swięciany als solche ansehen, sie war jedoch zu sehr entlegen und enthielt eine zu geringe Kraft, war daher unvermögend, ein einzelnes Geschlagenwerden der Corps abzuwenden.

Die Absicht, welche diese nachtheilige Kräfte-Vertheilung in's Leben rief, beruht auf den Ideen des Phull'schen Operations-Planes.

Dieser General wird von Clausewitz in dem 7. Bande seiner „Hinterlassenen Werke" treffend geschildert. Derselbe, ein abstrakter Theoretiker, ohne Begriff vom wirklichen Kriege, dachte sich die Vertheidigung, wie im siebenjährigen Kriege, am besten durch zwei Armeen durchgeführt, von denen die eine von vorne dem Feinde sich entgegenstellt, während die andere Diversionen in dessen Flanke und Rücken ausführt. Phull, ein pedantischer Autor, hielt sich, wie dies so häufig vorkam und noch vorkommt, ängstlich an dogmatisch aufgestellte Regeln und an die Sätze Bülow's, die zumeist auf den siebenjährigen Krieg basirt sind, nicht bedenkend, dass man Lehrsätze eben nur aufstellt, um Anhaltspunkte als Belehrung zu gewinnen, wie sich in den meisten Fällen am besten handeln lässt, aber damit nicht unankämpfbare Glaubenssätze besitzt, nach denen in jedem speciellen Falle gehandelt werden muss.

Bei strategischen Studien kömmt es nicht sowohl darauf an, durch dieselben Regeln und Analogien zu erlangen, als vielmehr auf inductivem Wege den Geist zu bilden, zu erziehen, was im

Kriege die Fähigkeit verleihen soll, aus eigener Inspiration zu handeln. *)

Man muss es verstehen, aus dem Studium der Kriege grosser Meister den Geist zu schöpfen, nach dem jene handelten. Obzwar die Kenntniss der theoretischen Lehrsätze die Grundlage für ein solches Studium bildet, so können dieselben für das Handeln doch nur allgemeine Anhaltspunkte liefern. Den wahren Nutzen werden sie nur demjenigen gewähren, der sich das eben bemerkte Ziel vor Augen hält, der auf sie gestützt, durch zweckmässiges kriegsgeschichtliches Studium nach der Bildung seines Geistes in dieser Richtung strebt.

Die Kriegsdogmatik jener Zeit enthielt unter andern auch den Satz von der Flankenstellung, der Wirkung aus der Flanke, als ein Arcanum angepriesen. Diese Idee spuckte 1812 in den meisten Köpfen; man wollte die Hauptmasse bald bei Szawle, bald bei Swięciany in einer Flankenstellung vereinigen und entschied sich endlich für Drissa. Man vergass den Werth der Räume und Richtungen und wollte den Rücken gegen Petersburg wenden, wiewohl Moskau eine überwiegende Bedeutung um so mehr besass, als man ja die Absicht hatte, Zeit zu gewinnen, und desshalb den Rückzug nach dem Innern des Landes zu verlängern, was nur ostwärts anging.

Bei dem Umstande ferner, als man in Zweifel darüber war, ob sich der französische Angriff gegen Moskau oder gegen Petersburg wenden werde, glaubte man eine mittlere Richtung einhalten zu sollen, also über Drissa; endlich dachte man, bei Drissa stehend, den Chikanenkrieg im Rücken Napolen's zu führen.

So kam es, dass man im Beginne, von falschen Ideen befangen und unentschlossen, Alles decken wollte und sich dazu übermässig ausdehnte, die wichtigste Richtung am wenigsten berücksichtigte und die Hauptkraft auf den mindest bedeutenden Flügel verlegte.

Es entsteht nun die Frage: welche war die wichtigste Operationsrichtung, in welcher Richtung traf der französische Angriff Russland am empfindlichsten, in welchem beschränkten Raume waren sonach,

---

*) Alexander, Hannibal, Cäsar, Suworow, Napoleon folgten nicht Regeln, sondern gaben sie, indem sie nach den Inspirationen ihres Geistes handelten. Die Kriegskunst ist eine eben so freie Kunst, wie alle anderen Künste; nur angebornes Talent, Genie, werden Meisterstücke darin liefern; die Besitzer aller Regeln würden, wie in der Dichtkunst kein Gedicht, so im Kriege keinen geistreichen Feldzug machen. Smitt „Aufklärungen" etc.

diesen Umständen entsprechend, die russischen Kräfte zu versammeln?

Die westliche Angriffsfront Russland's und das Land von dieser bis an den Dniepr, wird durch die ausgedehnte, nur für kleine Abtheilungen praktikable Sumpflandschaft des Przipiec in zwei Theile geschieden, welchen zwei streng gesonderte Operationsräume entsprechen. Nach den Kriegshilfsmitteln ist der südöstliche Theil Russland's zwar der wichtigste, nach den militärisch-politischen Verhältnissen jedoch ist es der mittlere.

Er enthält den Centralpunkt des Reiches, das heilige Moskau; er enthält die kürzesten Verbindungen von der Westgrenze dahin, die durch relativ ressourcenhaltige Räume führen und eine der Absicht entsprechende Längenentwicklung der Operationslinie zulassen; er steht ferner mit dem südöstlichen reichen Raume, östlich des Dniepr in guter Verbindung, ermöglicht daher das Herbeiziehen der Hilfsmittel aus jener Gegend; dessen Strassenzug endlich steht mit dem nördlichen Raume in inniger Beziehung, während der südliche durch das erwähnte unübersteigliche Hinderniss von ihm getrennt ist. Es konnte daher darüber kein Zweifel herrschen, dass der Feind in dem oberen Abschnitte die Entscheidung suchen musste, dieselbe auch dort fallen würde.

Die Wichtigkeit eines Raumes für den Angriff weist aber auch dem Vertheidiger im Grossen die Gegend an, wo er sich versammeln muss, um dem Angriffe auf eine oder die andere Weise zu begegnen.

Es war somit von den Russen alle Kraft, die verfügbar gemacht werden konnte, auf dem oberen Kriegsschauplatze zu vereinigen und der südliche nur durch Kosakenschwärme beobachten zu lassen; denn der vorgeschützte Zweck, durch die III. West- oder Reserve-Observations-Armee unter Tormasow Volhynien zu decken, hat keine Begründung; man deckt das Land am besten, wenn man stark ist, dazu muss man aber vereint und nicht getrennt sein.

Ging Napoleon in dem südlichen Raume vor, so wäre man durch die zahlreichen Kosaken dessen zeitlich genug inne geworden und hätte, auf der inneren Linie stehend, Zeit genug gefunden, an den Dniepr zu kommen und dort sich den Franzosen in einer für sie ungünstigen, für sich selbst aber strategisch guten Lage, entgegenzustellen.

In dieser Voraussetzung, die Möglichkeit eines feindlichen Vorgehens südlich der Pinsk'schen Sümpfe jedoch berücksichtigend, wie nicht minder, um sich die Verbindung mit dem politischen Schwerpunkte und dem bezüglich seiner Leistungsfähigkeit militärisch wichtigsten Raume zu wahren; erschien es geboten, die Hauptmacht auf der inneren Linie, also an dem westöstlichen Communications-Systeme zu concentriren, an der Düna aber nur untergeordnete Kräfte zu belassen und den Südraum durch Kosaken zu beobachten.

Wenn man die russische Aufstellung gründlich besprechen und ihre Schäden aufdecken, dafür aber auch angeben will, was zu thun war, müssen alle jene Kräfte auch in Betracht gezogen werden, die augenblicklich noch ausserhalb des eigentlichen Kriegsschauplatzes standen; so die Truppen in Finnland, in den Donaufürstenthümern und in Bessarabien; dann muss geforscht werden, welche Anstalten die Regierung getroffen hatte, um mit Rücksicht auf die Grundabsicht „Zeitgewinn" den Krieg mit grösstem Erfolge zu führen, und endlich müssen die Distanzen erwogen werden, nach welchen, und die Richtungen, in denen jene entfernteren Kräfte eingreifen hätten können. *)

Der trennende Raum machte sie zu strategischen Reserven, welche erst nach einer gewissen Zeit zur Geltung kommen konnten, und daher wird es nöthig zu wissen, in welcher Richtung die stärkeren zu erwarten waren. Dies bildete naturgemäss für die Russen eine Aufforderung sich dorthin zu vereinigen, für den Gegner dies zu hindern; es wird darin für den Angreifer die Aufforderung liegen, jene Richtung zu wählen, in der er im Stande ist, der Grundbedingung des Trennens gerecht zu werden, d. h. des Gegners Armee von jenen Räumen zu trennen, in welchen, oder aus welchen der Vertheidiger hoffen kann stärker zu werden: an lebendiger Kraft, an Kriegsmitteln jeder Art, an Schutz durch todte Widerstandsmittel, endlich durch moralische Hebel. Diese Linie muss hingegen der Vertheidiger schützen, weil sie einer Hauptpulsader vergleichbar

---

*) Nach Bogdanovich Moldau-(später Donau-) Armee unter Kutusow, Inf.-Div. 8., 9., 10, 15., 16, und 22., Cav.-Div. 6. und 7. (ausgenommen 8 Bat. der 9. Div.) 87.000 M.

In der Krim und in Neurussland unter Richelieu: 8. Cav.-Div., 13. Inf.-Div. und 8 Bat. der 9. Div. 19.500 M.

In Finnland unter Steingel: Inf. 6., 21., 25. Div., Cav.: 2 Drag.-Reg. 30.000 M.

In Grusien unter Paulucci: Inf. 20. und Theil der 19. Div., Cav. 2 Drag.-Reg. 24.000 M.

Auf der Kaukasus-Linie unter Rtuschtschef 1 Drag.-Reg., 4 Inf.-Reg. der 19. Div. 10.000 M.

ist, die derselbe zum Leben sich erhalten und durch deren Unterbindung endlich der strategische Tod erfolgen muss.

Diese stärkeren Reserven, von denen oben gesprochen wurde, standen im Süden Russland's, während die Armee, in der Unentschlossenheit und in dem getheilten Streben, Moskau und Petersburg zu decken, dann verleitet von der trügerischen Theorie über Flankenstellungen, mit 100.000 Mann ihren Schwerpunkt gegen Nordost gelegt hatte. Sie stand somit auch falsch in Bezug auf die von Süden zu erwartenden Verstärkungen, welche weitaus die bedeutenderen waren.

Es befanden sich also in der strategischen Situation zwei Schwerpunkte, im Norden und im Süden, und die innere Linie, sie zu trennen, stand so zu sagen frei.

Diese Betrachtung berücksichtigt die Masse mit Bezug auf die Richtung; wir müssen jedoch an dieser Stelle bemerken, dass der Fall ganz gut denkbar ist, wo Schnelligkeit mehr gilt, als die Menge; wir sehen in der Kriegsgeschichte nämlich nicht selten, wie der schwächere Gegner durch ein überraschendes Auftreten seinen kühnen Conceptionen zum Siege verhilft.

Für die Russen war jedoch, bei ihrer Inferiorität gegenüber den Franzosen, unstreitig die Bedeutung der Masse überwiegend; sie hatten überdiess, wie erwähnt, die Absicht, den Krieg in die Länge zu ziehen, die Entscheidung hinaus zu schieben; sie strebten nicht nach raschen Erfolgen, sondern nach Zeitgewinn, hatten also umsomehr Grund, sich zum Süden, der auch allgemein wichtiger war, in günstige Beziehungen zu setzen.

Die aus dem Süden heanrückenden Streitkräfte mussten sich, mit Rücksicht auf die Pinski'schen Sümpfe, bald zu einer bestimmten Marschrichtung entschliessen, nämlich östlich davon, in der Richtung auf Moskau, oder westlich auf Brzesc Littewsky. Es ist einleuchtend, wie wichtig die bezügliche Disposition war, welche ihre Bewegung regelte und Zeit und Ort bezeichnete, wann und wo ihre Wirkung zu erwarten war.

Die östliche Richtung war im vorliegenden Falle jedenfalls die wichtigere, weil die Mitwirkung jener Kräfte in dieser am meisten nöthig war, indem sie Napoleon's rechte strategische Flanke in einer sehr erheblichen Weise empfindlich machte; so zwar, dass dadurch selbst eine Niederlage der Russen bei Smolensk, ungeachtet der kühnen Angriffsrichtung Napoleon's, in ihren Folgen abgeschwächt werden, und eine Vereinigung der getrennten Massen in östlicher Richtung doch noch möglich geblieben wäre. Es war dies also eine Direction die zur Kraftsteigerung führt, weil sie im Interesse ihrer Vereinigung lag.

Die russischen Kräfte jedoch, welche westlich der Przipiec Sümpfe vorgingen, traten zu der Hauptmasse in das Verhältniss der doppelten strategischen Umgehung, wozu die Russen ihrer Schwäche wegen nicht berechtigt waren. Nur in jenem Falle wäre ein solcher Vorgang zulässig gewesen, wenn die Hauptmasse unter allen Umständen für den Entscheidungskampf genügt hätte; wo sodann dem westlich vorgehenden Heerestheil die Aufgabe zugefallen wäre, den Erfolg auszubeuten; dass jedoch die Russen dazu kein Recht hatten, kann nicht bezweifelt werden.

Wenn man aber der ganz fehlerhaften strategischen Kräfte Vertheilung der Russen eine gute Wirkung zuerkennen wollte, so könnte man behaupten, dass durch die Zersplitterung das Gefühl der Impotenz entstand, durch diese das dringende Bedürfniss nach Vereinigung fühlbar wurde und aus diesem wieder der Werth der inneren Linie zur vollen Geltung gelangte.

Wären hingegen die Russen von Hause aus vereint, etwa in der Gegend von Wilna, gestanden, so war das Erwachen eines Gefühls von Selbstüberschätzung nicht undenkbar, wodurch man sich, entgegen den richtigen Ansichten über die Führung des Krieges, vielleicht zu einem grossen Kampfe hätte hinreissen lassen, der in seinen Folgen für Russland verderblich werden konnte.

Aus den Fehlern entwickelte sich also die Erkenntniss, welche zur Durchführung der leitenden Idee führte.

III.
Ueber das verschanzte Lager von Drissa. Flankenstellungen.

Das verschanzte Lager von Drissa war eine Schöpfung des Generals Phull, der darin den Kern der Vertheidigung zu erblicken glaubte.

Die Beurtheilung dieser Anlage begreift einen taktischen, einen technischen und einen strategischen Theil.

Wir wollen uns eingehend nur mit letzterem befassen, die Angaben bezüglich der beiden ersten jedoch, zum besseren Verständniss, den Werken von Bogdanovitsch und Clausewitz entlehnt, voraussenden.

Das Lager befand sich auf dem linken Ufer der Düna, in einer durch diese gebildeten Krümmung, zwischen der Stadt Drissa und dem Dorfe Schatrowa auf einem Terrain, das ungefähr 5800 Schritte in der Breite und 4300 Schritte in der Tiefe hat.

Die Befestigungen nach einem System angelegt, das sich General Phull ausgedacht hatte, bestanden aus drei Linien. Den äussersten Umkreis bildeten eine Reihe Einschnitte für die Schützen; etwa 50—60 Schritte dahinter lag eine Reihe von abwechselnd offenen und geschlossenen Werken; die ersteren waren für die Batterien bestimmt, die anderen für einzelne Bataillone, welche diese decken sollten. Etwa 500—600 Schritte hinter diesen Schanzen lag eine zweite Reihe von lauter geschlossenen Werken, die als eine Reservestellung betrachtet wurde; endlich zur Sicherung der Brücken über die Düna, von denen zwei hinter der Mitte und je eine zwischen Centrum und Flügel erbaut worden waren, Brückenschanzen am Flusse selbst.

Die Ausführung der Schanzen war zwar nach einem guten Profile geschehen, jedoch war der Boden sandig; den Wald vor dem linken Flügel hatte man zum Theil verhauen; derselbe hinderte jedoch Aussicht und Ausschuss.

Das Lager selbst war von tiefen Schluchten durchschnitten, wodurch die Verbindung zwischen den einzelnen Truppentheilen, sowie die Bewegung der Reserven erschwert wurde; auch waren die Abhänge nach der Flussseite ausserordentlich beschwerlich.

Die drei Brückenschanzen waren von den, einige Hundert Schritte entfernten Höhen vollständig eingesehen; endlich fehlte auf dem rechten Ufer jede Befestigung und vertheidigungsfähige Oertlichkeit.

Die taktisch-technischen Nachtheile des verschanzten Lagers lassen sich in Folgendem zusammenfassen:

1. Die Lage auf einer Fläche, an einem Flusse der durchwatet werden kann;

2. Die Anlage in einem flachen Bogen; auf etwa 800 Schritte mit Wald umgeben;

3. Der Mangel einer Befestigung auf dem rechten Ufer, daher das Fehlen einer Rückenvertheidigung;

4. Erschwerte Bewegung im Innern;

5. Nachtheilige Rückzugsverhältnisse;

6. Theilweise beschränkte Aussicht und Feuerwirkung, erschwerte Offensive und Defensive;

7. Mangelhafte Profile.

Es war also, wie Clausewitz richtig bemerkt, „ein ganz mechan„tes Schlachtfeld."

Die strategische Idee, der dieses Lager seine Entstehung verdankte, wurzelt in dem Plane Phull's für die Durchführung des Vertheidigungskrieges und hat ihren hauptsächlichen Grund in der Wirkung, die man Flankenstellungen zuschrieb.

Als dieser Plan entstand, war man unentschieden, wo die Hauptkraft zu concentriren sei, indem man bei der strategischen Front Napoleon's, die von Königsberg bis Lublin reichte, und der ziemlich gleichmässigen Vertheilung der feindlichen Kräfte, keinen Anhaltspunkt für die feindliche Angriffsrichtung zu gewinnen vermochte, und eben so wenig aus dem speciellen Werthe der möglichen Hauptrichtungen einen Schluss auf diejenige zu ziehen verstand, die der französische Angriff am wahrscheinlichsten einschlagen dürfte.

Entsprechend den beiden Hauptstädten des russischen Reiches, boten sich einem Angriffe zwei Objecte dar — Petersburg und Moskau. Das erste, die Residenz der russischen Czaaren, die Schöpfung Peters des Grossen; das letztere, die alte Hauptstadt, die heilige Stadt, das eigentliche Centrum Russland's.

Die Operationslinie auf Petersburg, in kürzester Richtung über Druja, Sebesch und Pskow, führt durch ein dünn bevölkertes, schlecht wegsames, gering cultivirtes, daher ressourcenarmes Land; die Linie über Smolensk auf Moskau, das nationale Centrum Russland's, hingegen durchzieht fruchtbare Provinzen.

Eine Vorrückung auf dieser gewann dabei, mit Beziehung auf den Raum, die Gestalt des Durchbruchs, indem sie die südlichen, wohlhabenden und verhältnissmässig gut cultivirten Strecken von den ärmeren nördlichen trennte, zudem die im Süden befindlichen Streitkräfte, deren Zuzug zu gewärtigen war, von dem nördlichen Raume und den dahin zurückgegangenen oder abgedrängten Kräften schied.

Es war dies also eine Richtung für den Angriff, die vor allen übrigen unbedingt den Vorzug, somit auch die ganze ungetheilte Aufmerksamkeit der Russen verdiente; denn sie gab, von den Franzosen eingeschlagen, diesen Gelegenheit, zu trennen, zugleich aber die eigene Armee in den reichen inneren Provinzen leichter zu erhalten, und endlich das russische Reich, dessen nationale Hauptstadt Moskau ist, im Herzen zu treffen — sicher also durch dieses Alles den Gegner seiner Hauptvertheidigungsmittel zu berauben.

Ein Aufsatz aus Napoleon's Feder, während seines Aufenthaltes in Moskau verfasst und im Journal de l'Empire am 7. October 1812 veröffentlicht, gelangt nach einer kurzen Betrachtung über die Bevölkerungsdichtigkeit und die Cultur der russischen Provinzen, wobei er der fruchtbarsten und bestbevölkertesten Gouvernements um Moskau und an beiden Dniepr-Ufern gedenkt, zu folgender Schlussfolgerung:

„Aus dieser Zusammenstellung ergibt sich, wo die eigentliche „Stärke und Schwäche Russland's liegt. Greift dieses Land auf „seinem äussern Umfange an und entreisst ihm seine Grenzprovinzen, „so mögen euere Eroberungen zwar einen grossen Flächenraum ein„nehmen, aber noch keine wirklichen Vortheile über den Feind, noch „für euch selbst Mittel zur Subsistenz geben; ihr werdet dem nor„dischen Koloss eine Wunde versetzen, welche ihn erbittert, aber „nicht niederwirft. Versetzt ihm dagegen den entscheidenden Hieb „im Mittelpunkte seines bewohnten Landes, in dem einzigen frucht„baren und bevölkerten Theile desselben; bemächtigt euch jener „Theile, welche eigentlich das Heer stellen, welche der Sitz seines „Handels und der Cultur sind; nehmt ihm die Gouvernements „Smolensk, Moskau, Kaluga, Tula, Orel, Kursk, so werdet ihr „der wahre Herr dessen sein, was das russische Kaiserthum bildet; „ihr werdet den Feind verhindern, Recruten aus den nicht nur am „besten bevölkerten, sondern auch getreuesten und der Regierung „anhänglichsten Provinzen zu ziehen; ihr werdet das Korn, die „Früchte, das Mehl, den Branntwein, das Fleisch, die von hier „in die äusseren Provinzen ausgeführt werden, für euch nehmen, — „ihr werdet wahrhaft Petersburg, Kasan und Astrachan blokiren."

„Wo soll der Feind frische Kräfte sammeln? wo sie ver„einigen? Der Umkreis, den sie von Petersburg bis in den Süden „Russland's zu beschreiben haben, ist gleich der Entfernung von „Moskau bis Paris; das französische Heer communicirt leichter und „sicherer mit den Ländern an der Weichsel, wo es seine Depots, „Magazine und das ganze polnische Volk zur Reserve hat, als die „russischen Corps an der Düna mit den russischen Corps in der „Ukraine."

„Ein Heer, welches Meister von Polen und Mittelrussland ist, „hat seine Verpflegung gesichert; denn glaube man nicht, dass der „russische Bauer seine Heimath gerne aufgibt, um in einem bewaff„neten Aufgebot zu dienen. Das russische Volk liebt nicht den „Krieg; der Bauer, welcher einige hundert Rubel gesammelt hat,

„versäumt gewiss nicht, sich einen Stellvertreter zu kaufen; der „Edelmann, welcher seine Sklaven schrecken will, droht ihnen, sie „als Soldaten in's Heer abzugeben. Also kann man sicher sein, „dass die Masse der Bauern ruhig bleiben und ihren gewohnten „Beschäftigungen nachgehen wird."

„Das mittlere Russland gleicht sehr .Deutschland; es kann „mit aller Bequemlichkeit von dem Ueberflusse seiner Lebensmittel „jene halbe Million Krieger nähren, die es augenblicklich besuchen."

„Wie soll sich dagegen die russische Armee, in unfruchtbare „Landstriche zurückgedrängt, die nöthigen Lebensmittel verschaffen?"

. . . .

„Zu diesen, auf positive Facta gegründeten Erwägungen muss „man noch die unberechenbaren Resultate des moralischen Eindrucks „fügen, welchen die Einnahme und Zerstörung Moskau's auf die „Russland unterworfenen Nationen gemacht haben muss." u. s. w.

Die überwiegende Bedeutung der Operations-Richtung auf Moskau konnte keinem Zweifel unterliegen, eine Wahrheit, die jedoch in dem Geiste der leitenden Kriegsmänner Russland's nicht zum Durchbruche gelangt war. Sie nahmen im Gegentheile beide Möglichkeiten an, meinten durch eine Aufstellung zwischen beiden Richtungen, beiden entsprechen zu können, und so entstand die sogenannte defensive Operationslinie, welche über Swienciany, Drissa und Welikiluki durch Etablirung der Magazine entsprechend eingerichtet wurde, um sich von dieser sodann gegen den feindlichen Angriff zu wenden, sobald er sich deutlich aussprach; ja berücksichtigt man die Nähe dieser „defensiven" Operationslinie an dem Punkte Druja auf der Petersburger Strasse und die grosse Entfernung von Witebsk an der Moskauer Strasse, so will uns fast bedünken, als ob man der erstgenannten Richtung eine grössere Rücksicht gezollt habe.

Von dieser mittleren Operationslinie aus beabsichtigte man, der Feind möge nun auf der Petersburger oder Moskauer Strasse vorrücken, flankirend zu wirken, getreu dem Satze Bülow's, dass man einen wichtigen Punkt besser durch eine Flankenstellung, als durch eine Stellung gerade davor vertheidige.

Barclay hatte anfänglich die Idee, diese Flankenstellung bei Szawle zu nehmen und meint, dass dieselbe geringe Gefahr, aber grosse Vortheile darbiete, denn „operirt der Feind von Kowno gegen „die Düna, so ist man im Stande, ihm seine Verbindungen mit dem „Niemen sogleich zu rauben."

Diese Stellung auf dem äussersten Ende der übermässig langen Linie, welche man vertheidigen sollte, ist jedenfalls das Allerschlechteste, was ausgedacht werden konnte; sie bot, im geraden Gegentheile zur Behauptung Barclay's, nur Gefahren und keine Vortheile; denn sie hatte nur den Rückzug auf Riga, der Feind brauchte sie in der Front durch einen starken Heerestheil nur zu beobachten, mit einem andern in der linken Flanke zu umgehen, um ihre Vertheidiger an das Meer zu drücken und zur Niederlegung der Waffen zu zwingen. Phull, der eigentliche Schöpfer des Operations-Entwurfes, war für die Flankenstellungen bei Swienciany in erster, bei Drissa in zweiter Linie.

Wenn wir nun die Erfahrung zu Rathe ziehen, so sagt sie uns, dass Flankenstellungen zwar in sich ein sehr wirksames strategisches Mittel sind, dass aber, um zur Aufstellung in der Flanke berechtigt zu sein, Bedingungen entsprochen werden muss, ohne welche solche Stellungen nicht allein die erwartete Wirkung nicht äussern, sondern sogar zum Verderben werden können; dass sie also einem schneidigen Schwerte zu vergleichen sind, welches in der Hand des Kundigen entscheidende Schläge verspricht, welches aber, vom Ungeschickten missbraucht, die Wirkung gegen denselben kehrt.

Diese Bedingungen sind die Sicherheit der Verbindungen mit dem eigenen Hauptsubject, — und die genügende Kraft. —

Ist man so stark, dass man des Sieges gewiss zu sein allen Grund hat, so nimmt die Rücksicht auf die Sicherheit erst den zweiten Rang ein, wiewohl man sie selbst in solchem Falle nimmer aus dem Auge verlieren darf.

Ist man dem Gegner überlegen, so kann man Manches wagen, wenn dadurch ein grosser Erfolg in Aussicht steht, der sich bei Flankenstellungen in der Tendenz äussert, den Gegner mit dem ersten Stosse zu umgehen, ihm seine Verbindungen zu rauben. Der Schwächere hingegen muss ein Wagniss vermeiden, welches ihn in's Verderben führen kann. Flankenstellungen dürfen ferner, selbst wenn der Sicherheit entsprochen ist, d. h. wenn die Verbindungen mit dem Hauptsubjecte nicht verloren gehen können, wenn der Feind, durch Umgehung des inneren Flügels, den Vertheidiger von selben nicht zu trennen vermag, — doch nur mit der Hauptkraft, also mit einer solchen Kraft bezogen werden, die dem Gegner ebenbürtig, nämlich diesem gleich oder nur wenig untergeordnet ist, weil der Feind im anderen Falle die Stellung mit einem Theile nur zu beobachten braucht, mit dem übrigen hingegen seine Operationen nach dem Objecte fortzusetzen und dabei sich die innere Linie zu wahren vermag.

Es bedarf keines Beweises, wie die Flankenstellung bei Drissa bei ihrer Lage, 24 Meilen von der wichtigsten Angriffsrichtung entfernt, und bei der kolossalen Ueberlegenheit der Franzosen, keiner der besprochenen Bedingungen nachkam.

Die Flankenstellung bei Swienciany und jene bei Drissa, die Phull befürwortete, waren zwar um etwas besser, als jene Barclay's bei Szawle, aber noch immer sehr schlecht, weil der Rückzug nicht in der Richtung auf Moskau, sondern nordwärts führte; weil sie einer, man könnte beinahe sagen, gewissen Umgebung in der linken Flanke ausgesetzt waren, womit die Trennung von dem wichtigsten Raume entschieden war; weil man endlich, wegen der ungenügenden Mittel, zu einer Flankenstellung überhaupt nicht berechtigt war.

Flankenstellungen müssen endlich, wie die Theorie uns lehrt, an einem strategischen Punkte liegen; ein Punkt jedoch, der nicht auf der geraden Rückzugsstrasse, weder auf jener nach Petersburg, noch auf jener nach Moskau liegt, von dieser, der wichtigsten, sogar 24 Meilen entfernt ist, der also in keinen Beziehungen zu dem ganzen kriegerischen Acte steht, der weder als Strassenknoten, noch als Festung, Handelsplatz oder ressourcenreiche Stadt irgend eine Bedeutung hat, — ein solcher Punkt ist wahrlich kein strategischer.

In dem allgemeinen Kriegsplane war die an sich ganz richtige Ansicht ausgesprochen, die Defensive durch Erhöhung der Widerstandskraft zu fördern, indem man das Kriegstheater durch die Befestigung seiner wichtigsten Punkte vorbereitete; allein das Lager von Drissa war, wie aus dem Vorgesagten anschaulich geworden sein dürfte, in Nichts geeignet, die Widerstandskraft der Absicht entsprechend zu erhöhen; der Punkt, an dem dasselbe angelegt worden war, hatte in keiner Beziehung Wichtigkeit.

Einfachheit und Sicherheit sind die Grundbedingungen jeder Unternehmung im Kriege; der russische Entwurf jedoch, in welchem das Lager von Drissa eine so bedeutende Rolle spielte, war weder einfach noch sicher.

Wie bereits bei der Besprechung der russischen Kräftevertheilung erwähnt, hatte man die Hauptkraft auf dem nördlichen Operationsraume in zwei Armeen getheilt, also auch darin der Einfachheit, welche Einheit empfiehlt, zuwidergehandelt.

Bei der Art, wie diese beiden Armeen den Defensivkrieg führen sollten, war es vorauszusehen, dass man immer schwächer als der

Gegner sein werde. Denn, wenn man sich überhaupt, das heisst, nachdem man Alles zusammengenommen, zu schwach hielt, um selbst anzugreifen und aus eben diesem Grunde sich für den Vertheidigungskrieg entschieden hatte, mussten die Theile dem Gegner um so weniger gewachsen sein.

Desshalb mag man das Bedürfniss gefühlt haben, etwas zu schaffen, was den in der Front gepackten Theil zu schützen vermochte. Die Theoreme Bülow's, der 7jährige Krieg, beherrschten die Geister; — die Vorgänge in letzterem hatten die strategische Idee der Vertheidigung durch zwei Armeen erzeugt; eine weitere Nachahmung, und zwar des Bunzelovizer Lagers, war das verschanzte Lager von Drissa. Die in der Front angegriffene Armee, sollte, wenn, was vorauszusetzen war, ein überlegener Gegner gegen sie vordrang, in dasselbe zurückgehen und den Feind festhalten, der vor demselben, des ausgesogenen Landes wegen, an Verpflegsschwierigkeiten leiden musste und zur Ausdehnung seiner Armee gezwungen werden würde, was sowohl seine Kraft herabbringen, als auch Gelegenheit zu Theilerfolgen bieten sollte.

Das Unhaltbare dieser Anschauung liegt klar am Tage; es kann kein Zweifel darüber walten, dass verschanzte Lager, welche den Feind in strategischer und taktischer Beziehung an nachtheilige Verhältnisse binden, für die Vertheidigung von grossem Nutzen sein können; allein diese nachtheiligen Verhältnisse waren nicht vorhanden: denn der Feind brauchte einfach stromaufwärts, von seinem inneren Flügel aus, die wenig bedeutende Düna zu überschreiten und das verschanzte Lager, welches keine Rückenvertheidigung besass, im Rücken zu nehmen, um die Russen in eine Katastrophe zu verwickeln. Zu dieser Umgehung forderte schon die Stärke der Front und die Schwäche der Flanken, dann die ungünstige strategische Lage des Punktes zu der Hauptoperationslinie auf. Ein solches Unternehmen war nicht allein einfach, sondern auch sicher; denn die Franzosen besassen eine mehr als genügende Ueberlegenheit, um während der Operation jeden Versuch einer Störung auf dem linken Ufer abzuweisen, was übrigens um so leichter war, als die Gegend vor dem Lager, von Wald und Morast erfüllt, jede Offensive der Russen ohnehin sehr erschwerte.

Der Punkt Drissa lag endlich, abgesehen von seinen sonstigen Mängeln, viel zu nahe an der Grenze, um, mit Rücksicht auf den ursprünglichen Plan, hier schon Stand halten zu können; auch besass er gar nicht die Eigenschaften, um als einer der „Schlusssteine" des

Vertheidigungs-Systems zu dienen, deren Herstellung in der Absicht jenes Planes gelegen war.

Die Erkenntniss von der Unhaltbarkeit der Position, so wie das langsame Vorgehen der Franzosen, retteten die russische Armee vom Verderben, in das eine von Einseitigkeit, Unklarheit und trügerischen Doctrinen erzeugte Idee sie beinahe gebracht hätte.

IV.

Ueber die Gruppirung der französischen Streitkräfte im Beginne des Krieges, und die Absicht, die ihr zu Grunde lag.

Wenn man von der Gruppirung der Streitkräfte in der ersten Feldzugsperiode sprechen soll, für welche die dem Operationsplane zu Grunde liegende Idee massgebend gewesen war, wird es unbedingt nöthig sein, auch die Ereignisse vor dem Beginne der Feindseligkeiten, welche in dem allgemeinen Entwurfe berücksichtigt sein mussten, einer kurzen Betrachtung zu unterziehen, um in den Ursachen, welche eine bestimmte Wirkung äussern sollten, bis auf den letzten Grund zurückzugehen, die Absichten beurtheilen zu können, welche die französische Armee an des Feindes Grenze führten und die Umstände, unter denen dies geschah.

Vor Allem handelte es sich für Napoleon um die Aufbietung einer möglichst bedeutenden Kraft und deren rasche Concentrirung; er musste nämlich, mit Rücksicht auf die Zeit, die eigenen Rüstungen früher beendet haben, als der Gegner, um sich die Initiative mit allen ihren Vortheilen zu wahren. Bedingungen dafür sind: eine zweckmässige Heeresverfassung, ein früher Beginn der Kriegsrüstungen, die Täuschung des Gegners darüber im Interesse des Zeitgewinnes, endlich die Gunst der räumlichen und Communications-Verhältnisse.

Von nicht geringem Einfluss auf die Dauer der Rüstungen wird immer der Raum sein, da in Bezug auf dieselben stets derjenige Staat im Vortheile sein wird, der bei gleicher Bevölkerungsziffer einen kleineren Umfang hat, weil dieser seine Kräfte schneller sammeln kann, als jener, dem sie auf einem weiten Raume vertheilt sind,

Diese Bemerkung, die im Jahre 1812 volle Geltung hatte, wird heutzutage durch die Schienenwege, welche die räumlichen Entfernungen so wesentlich verringern, beträchtlich modificirt, und es werden nunmehr bei Beurtheilung der Ueberlegenheit, im Sinne der eben berührten Verhältnisse nicht allein der Raum, sondern auch die Mittel in Betracht zu ziehen sein, denselben nach gewissen Richtungen zu durchschreiten. Die schnelle Sammlung von Armeen hängt also bedeutend von diesen und anderen Anstalten ab, die zu ihrer Durchführung vorhanden sind; aber die räumliche Ausdehnung des Landes wird bei sonst gleichen Umständen stets auf Seite des grösseren Staates ungünstig einwirken.

So wesentlich es ist, begünstigt durch den kleineren Raum und die besseren Verkehrsmittel, früher als der Gegner concentrirt zu sein, so handelt es sich doch auch um die Entfernung, welche zwei sich bekriegende Staaten von einander scheidet. Ist diese sehr bedeutend, so bedarf es langer Märsche, sie zurückzulegen. Der grosse Zeitaufwand, den diese erfordern, raubt aber dem Angreifer ganz oder theilweise jene wesentlichen Vortheile, welche ihm aus der frühen Concentration seiner Streitkräfte über den noch nicht kriegsbereiten Gegner erwuchsen und verschafft dagegen diesem die Möglichkeit, auch seinerseits sich zu sammeln und vollkommen gerüstet dem Angriffe zu begegnen.

Zeit ist Raum, besonders im Kriege. Will daher der Angreifer die Früchte des frühen Beginnes seiner Rüstungen, der frühen Concentrirung seiner Massen, überhaupt des grossen Vorsprunges an kostbarer Zeit ernten, den er dem Gegner abgewonnen, so muss er jene ungünstige Entfernung, die ihn von seinem Gegner scheidet, abzukürzen wissen. Und dazu ist die Diplomatie berufen.

Wie es ihre Sache ist, alle die mannigfachen Vorbereitungen zum Kriege in des Geheimnisses undurchdringlichen Schleier zu hüllen, den ahnungslosen Gegner in trügerische Sicherheit zu wiegen, so muss sie auch jene Länder, welche die künftigen Feinde trennen, durch Verträge an die Sache des Angreifers zu fesseln, durch Conventionen seinen Heeren zu erschliessen suchen; sie muss dem Angreifer Bundesgenossen werben, dem Gegner entziehen; Unentschlossene muss sie gewinnen, Gefährliche zu Neutralen machen, mit einem Worte dem Angreifer die Möglichkeit schaffen, zur höchsten Kraftentfaltung zu gelangen.

Durch ihre Thätigkeit also, durch List, Intriguen, falsche Vorspiegelungen und geheime Vorbereitungen, muss der Angreifer sich die Initiative zu sichern, und grosse Erfolge anzubahnen wissen; denn nur durch die Anwendung solcher Mittel und durch die Geschicklichkeit seiner Diplomatie kann es ihm gelingen, gleich im Beginne

des Krieges mit einer eminent überlegenen Macht aufzutreten, zu
einer Zeit, da der Gegner noch nicht all das an Streitkräften zusammengebracht hat, was er bei gegönnter längerer Frist noch verfügbar hätte machen können, ja vielleicht noch bevor derselbe seine
Kriegsrüstungen überhaupt beendet hat.

Mit geringer, oder ohne jede Aussicht auf Erfolg sieht dieser
sich dann von Hause aus zur Passivität verdammt und genöthigt,
vom Angreifer das Gesetz anzunehmen.

In den verschiedenen Phasen, welche die Kriegsvorbereitungen
Napoleons durchmachten, sehen wir ihn bei fortwährenden Friedensbetheuerungen seine Rüstungen schon im Januar und Februar
1811 beginnen, als ihm eine gütliche Austragung der entstandenen
Differenzen unmöglich schien.

Er sammelt in Danzig grosse Vorräthe an und verstärkt dessen
Besatzung bedeutend; in Deutschland hat er Davoust mit ansehnlicher Macht seit 1809, am Rhein und in Holland alte Truppen;
die Rheinbundfürsten weiset er zur Aufstellung verstärkter Contingente an; den Vice-König von Italien, die italienische Armee in
Kriegsbereitschaft zwischen Mailand und Verona zu concentriren;
er zieht Garderegimenter und die Weichsel-Legion aus Spanien,
und hofft so, 400.000 Mann an der Weichsel zu versammeln, dabei
100.000 Mann an der Elbe und 130 Depot-Bataillone im Innern
als Reserve zu haben.

Im September 1811 waren die Rüstungen beendet; doch war
es schon zu spät, um noch im selben Jahre den Krieg zu beginnen.
Nun folgten Versuche, die Schuld des Conflictes Russland aufzubürden, bei fortwährenden Betheuerungen der Friedensliebe, um
bis zum nächsten Sommer Zeit zu gewinnen; gleichzeitig jedoch
macht sich die Absicht Napoleons bemerkbar, seine Kräfte an die
Oder und Weichsel unbemerkt vorzuschieben, um sowohl durch
langsame Märsche die Truppen zu schonen, als auch die Russen zu
hindern, Polen und Ostpreussen zu occupiren und die Vorräthe
dieser Länder zu beseitigen.

Die diplomatische Thätigkeit Napoleons äusserte sich jetzt in
dem Bestreben, Russland zu isoliren, für sich selbst aber Bundesgenossen zu gewinnen, was ihm nur bei Oesterreich und Preussen
gelang, während Schweden mit Russland ein Bündniss schloss, die
Türkei neutral blieb. Zum Schlusse endlich, bevor der erste Schuss
fiel, mussten diplomatische Manöver, in denen Napoleon unerschöpflich war, den Ausbruch des Krieges bis zum Sommer hinausschieben,

da er Willens war, den Feldzug erst zu beginnen, wenn er auf Gräser, Kräuter und Saaten als Grünfutter für die Thiere der Armee rechnen konnte.

Unter allerlei Vorwänden wurden im Laufe des Monats April 1812 die französischen Corps an die Oder vorgeschoben, während die Polen sich bei Warschau, die Oesterreicher bei Lemberg sammelten.

Unter diesen Umständen vollendete die französische Armee Ende Mai ihren ersten strategischen Aufmarsch an der Weichsel zwischen Pulawy und Danzig u. z. standen:

    das 1. Corps bei Elbing, die Preussen gegen den Niemen vorgeschoben,
    das 2. Corps bei Danzig,
    „ 3. „ „ Thorn,
    „ 4. und 6. Corps bei Plotzk.
    „ 5., 7. und 8. Corps bei Pulawy und Warschau,
    die Garden in Posen und
    „ Oesterreicher bei Lemberg, womit zugleich eine Drohung gegen Volhynien ausgeübt wurde.

Durch diese breite Front hatte sich Napoleon das Täuschungsmoment gewahrt, das stets einen nothwendigen Theil des strategischen Aufmarsches bilden soll; er bedrohte gleichzeitig viele Punkte, hielt die Russen in Ungewissheit über die Richtung, welche er einzuschlagen die Absicht hatte und konnte hoffen, sie dadurch auch in ihrer ausgedehnten Aufstellung, mithin in einer strategischen Situation zu erhalten, die seinen Plänen entsprach.

Nach diesem beabsichtigte er, die Russen strategisch zu durchbrechen, südlich der Pinski'schen Sümpfe nichts zu detachiren und seine Operationen nach dem Hauptobjecte Moskau vorzutreiben.

Wenn nun die Absicht zu durchbrechen vorhanden war, was bei der 46 Meilen ausgedehnten, Napoleon wohl bekannten Aufstellung der Russen auch ganz natürlich scheint; so fragt es sich, ob der Punkt Kowno für den Einbruch der Hauptmasse in diese Front auch der geeigneteste war. Bei Feststellung des Operations-Entwurfes wird man, in Berücksichtigung von Kraft und Raum, nach der Stärke der feindlichen Armee und ihrer Vertheilung forschen müssen, indem ihre Niederwerfung den Zweck des Krieges ausmachte.

Schon Anfang Juni 1812 hatte Napoleon die approximative Stärke seiner Gegner und ihre Gliederung in drei grosse Gruppen, von denen zwei im nördlichen, eine im südlichen Raume standen, erfahren.

Berichte von zuverlässigen Personen, brachten volle Klarheit über die Details der Aufstellung; er wusste somit die Russen auf einer grossen Front vertheilt, er wusste speciell den Raum zwischen Lida und Wolkowysk völlig offen, indem die dazwischen eingeschobenen Kosakenschwärme die Trennung zwischen den beiden nördlichen Gruppen nicht aufhoben, sondern nur zur schnelleren Benachrichtigung dienen konnten, von einer dadurch erlangten Verbindung im Sinne gemeinsamen Wirkens daher nicht die Rede sein konnte.

Eine solche Aufstellung musste auch einen minder klar sehenden Feldherrn zum Durchbruche einladen, einer Form des Angriffs, der sich Napoleon schon oftmals mit Vorliebe zu seinen glänzenden Erfolgen bedient hatte.

Wie die Sachlage war, brauchte er nur vom mittleren Niemen aus (Strecke Kowno - Grodno) über Minsk gegen den Raum vorzudringen, der in der Gegend Witebsk-Orzsa so zu sagen das Einbruchsthor nach dem Herzen Russlands bezeichnet, um die Trennung der beiden russischen Gruppen gewiss zu erhalten und sie in derselben mit Uebermacht entscheidend zu schlagen.

Die schon lange währenden Befestigungsarbeiten an der Düna bei Dünaburg und Drissa mussten Napoleon aufmerksam gemacht haben, dass man die Absicht hatte, sich daselbst zu halten. Aus den Beziehungen dieser Linie zu den Hauptrichtungen wurde die Tendenz, Petersburg zu schützen, ausgesprochen, was der Idee Napoleons, bezüglich der durchzuführenden Trennung und seines Hauptobjectes Moskau, Vorschub leistete, indem die Russen mit ungünstigem Rückzugsverhältnisse den Rücken dem unfruchtbaren Norden zuwendeten und ihm den reichen Süden überliessen.

Wollte aber Napoleon durchbrechen, hoffte er überdiess, die nördlichste Gruppe auch in sich noch unvereinigt zu finden und dadurch vortheilhafte Verhältnisse für den Kampf zu erlangen; so schien es geboten, den ersten Schritt, den Niemen-Uebergang, möglichst nahe an dem Centrum des Gegners auszuführen, wozu sich nach der Laufrichtung dieses Flusses und dessen Beziehungen zum nächsten strategisch und politisch wichtigsten Punkte, Wilna, die Gegend von Kowno am besten eignete.

Von Kowno bis Wilna ist es näher, als aus der Gegend von Lida und von Keidany dahin; hielten also die Russen bei Wilna im Interesse der Sammlung Stand, so konnte Napoleon mit Recht hoffen, sie zu schlagen, bevor ihre beiden Flügel-Corps zur Stelle waren. Während dieser Zeit konnte die besprochene Vorrückung eines starken Heerestheiles auf Minsk erfolgen, um als Riegel gegen Bagration zu dienen; der ost-westliche Lauf des oberen Niemen (oberhalb Grodno) gab einem solchen Unternehmen eine wesentliche Unterstützung; die bei Kowno mündende schiffbare Wilia bot noch überdiess, während der ersten Bewegungen, der linken Flanke Schutz und zugleich den Vortheil einer leichteren Verpflegung durch den Wassertransport der Verpflegs-Vorräthe.

Endlich waren bei Kowno auch die taktischen Verhältnisse (das linke Ufer beherrschend) dem Uebergange günstig.

Es wurde schon an früherer Stelle bemerkt, dass es für Napoleon vor Ausbruch des Krieges von Interesse war, möglichst viel Zeit zu gewinnen, u. z. sowohl um alle nöthigen Vorbereitungen ungestört beenden zu können, als auch um seine Heeresmassen allmählig an die russische Grenze vorzuschieben; wir sagen allmählig, aber doch zeitgerecht, um etwaige, dem befreundeten Lande und der Förderung des ganzen Unternehmens nachtheilige Gegenmassregeln der Russen, wie sie auch in deren Plan gelegen, zu vereiteln.

Mit dem Beginne des Krieges selbst wechselte der Zeitwerth; der Raum wurde ein Freund der Russen, ein Feind der Franzosen, wäre aber bei seiner grossen Ausdehnung ein Feind der ersteren geblieben, wenn die Entscheidung im Beginne des Krieges, wie vorauszusehen war, zu ihrem Nachtheile fiel.

Schnelle Entscheidung musste daher Napoleons Hauptabsicht, sein Grundgedanke bei Gruppirung seiner Streitkräfte und Anordnung der ersten Operationen die Führung eines entscheidenden Schlages gleich im Beginne des Feldzuges sein; denn jeder Schritt tiefer ins Land verringerte die Aussichten auf Erfolg, brachte ihm zum mindesten keine Vortheile, den Russen aber neue Kräfte.

Mit Rücksicht auf Kraft, Zeit und Raum waren somit folgende Grundbedingungen für das Verfahren Napoleons gegeben:

Uebergang mit der Hauptmasse bei Kowno, rasches Vordringen, um bald die Entscheidung zu finden;

Durchbrechen der ausgedehnten russischen Aufstellung; Abdrängen der nördlichen russischen Gruppe nordwärts, wohin sie zu gravitiren schien;

Auseinanderhalten der beiden Gruppen durch Vortreiben eines Keils über Minsk gegen den Dniepr, entscheidendes Schlagen der beiden Gegner, so lange sie getrennt; Hauptobject Moskau, Zwischenobjecte Wilna, Smolensk.

Die **Gruppirung** seiner Kräfte sollte nun diesen Grundbedingungen entsprechen:

Am Tage vor dem Uebergang (23. Juni 1812) bildet die französische Armee **drei grosse Gruppen** und **zwei Flügelcorps**:

die **Hauptmasse** über 190.000 Mann, zur Führung der Hauptschläge bestimmt, um Kowno;

die **2. Gruppe** unter Eugen, über 70.000 Mann, 4—6 Märsche zurück bei Kalvarya und Suwalki;

die **3. Gruppe** unter Jérôme, etwa 80.000 Mann, noch weiter rechts rückwärts bei Novgorod und Pultusk;

die **Flügelcorps**:

rechts Schwarzenberg 34.000 Mann bei Siedlce;

links Macdonald 32.000 Mann bei Tilsit.

In dieser Kräftevertheilung sehen wir die Hauptmasse an dem vorgeschobensten Punkte am Niemen bestimmt, einzubrechen und die Trennung zu erzeugen; die beiden andern grossen Massen im Staffelverhältniss dahinter, zur Unterstützung, zur Abwehr nach der Flanke, — endlich um die südliche russische Gruppe länger festzuhalten und sie dadurch um so sicherer abzuschneiden. Macdonald hat einen ähnlichen Zweck, denn wir sehen ihn, obwohl gleichzeitig mit der Hauptmasse übergehend, am 10. Juli erst bei Rossienie.

Immer von dem erwähnten Grundgedanken geleitet, wechselt mit dem Erreichen von Wilna die **Gruppirung** der Franzosen: die **nördliche Gruppe**, Murat mit Ney und Oudinot, gegen Barclay; die **südliche**, Eugen, Davoust und Jérôme, gegen Bagration; **Napoleon** mit den Garden bei Wilna, um nach jeder Seite sich wenden und den Ausschlag geben zu können; **Macdonald** im Norden, anfänglich mit der Bestimmung, zur Vernichtung Barclay's mitzuwirken, während **Schwarzenberg** die rechte Flanke gegen Tormassov schützt.

Die Vertheilung der Franzosen zielte darauf ab, sich mit ganzer Macht zwischen den Feind einzuschieben und gegen dessen Theile gleichzeitig vernichtende Schläge zu führen.

Das Einschieben sollte durch Davoust vorbereitet werden, dessen Heerestheil geschwächt worden war, um ihn zu grösserer Schnelligkeit des Handelns zu befähigen, während er von Bagration noch immer für 70.000 Mann stark (Stärke seines, des 1. Corps) gehalten werden konnte.

In der französischen Kräftevertheilung erblickt man das Bestreben, durch ein Trennen der Russen und ein gleichzeitiges doppeltes Umgehen eines jeden der getrennten Theile, eine vollkommene Entscheidung herbeizuführen.

Das erste Erforderniss, dass jeder der umgehenden Theile dem betreffenden feindlichen mindestens an Stärke gleichkomme, war allseits erfüllt; nur Macdonald war zu schwach, jedoch ohne Nachtheil, indem Barclay des Meeres und des an Hilfsmitteln armen Landes halber nicht nach Norden ausweichen konnte; wäre diess dennoch geschehen, so hätte der Erfolg des Durchbruchs nur um so vollständiger ausfallen müssen.

Im Süden sollte Jérôme die lebendige Grenze bilden, bis zu welcher Bagration ausweichen durfte, eine Aufgabe, die jener jedoch seiner Langsamkeit wegen nicht erfüllte.

Diess war die Vertheilung der französischen Gruppen; wir sehen dieselbe so angeordnet, dass überall eine Wirkung mit weitaus überlegener Kraft gestattet, ja selbst die Möglichkeit einer rechtzeitigen Gesammtwirkung nicht ausgeschlossen war; die grösste Masse und den innigsten Verband finden wir aber in der durch die Verhältnisse, nämlich durch Barclay's Stärke, am wichtigsten gewordenen Gruppe, welche in einem späteren Stadium auch die Reserve unter der unmittelbaren Einwirkung Napoleons enthielt.

Die strategische Idee Napoleons, die Russen zu durchbrechen, wurde wiederholt als vollkommen correct bezeichnet; die strategische Anlage der Operationen dazu ist mustergiltig. Wenn wir jedoch die Durchführung in Betrachtung ziehen, was bei der Beurtheilung der Operationen der Theile in den folgenden Capiteln im Detail geschehen soll, müssen wir mancher Mängel gedenken, welche den beabsichtigten grossen Erfolg vereitelten.

Wir finden nämlich den Durchbruch zwar begonnen, aber nicht vollendet. Dieser kann erst dann als gänzlich gelungen bezeichnet werden, wenn die Trennung der feindlichen Streitkräfte erhalten und erweitert ist und diese in ihren Theilen geschlagen sind, wobei es vor Allem darauf ankommt, den entscheidendsten Erfolg über den stärkeren Theil des Gegners zu erlangen. Es wird also das Streben desselben nach Vereinigung während der Durchbruchsoperationen, sowohl durch diese selbst, wie nicht minder durch die Art und Weise zu vereiteln sein, in der man die Kräfte zum Kampfe gelangen lässt; dieser Kampf aber wird stets als der Schlusspunkt betrachtet werden müssen, weil erst durch ihn der Durchbruch zu einem endgiltigen und entschiedenen gemacht wird.

Um nun zum Schlagen zu gelangen, welches Streben den Eintritt der zweiten Phase des Durchbruches bezeichnet, wird der Durchbrechende mit seiner Hauptmasse zu einer einfachen Umgehung des inneren Flügels der Hauptkraft des Gegners schreiten und dadurch jene strategisch günstigen Kampfbedingungen erlangen, welche aus den Beziehungen der Kraft zu den Verbindungen entstehen. Der andere Theil des Gegners soll vorläufig bloss beobachtet werden, durch eine Kraft jedoch, welche ausreicht, ihn zu hindern, in die Geschicke des mit dem Entscheidungskampfe bedrohten thätig einzugreifen.

Das Rechtsziehen der Gruppe unter Murat in die Gegend von Polotzk, wo Napoleon zur einfachen Umgehung überzugehen die Absicht hatte, das Herbeiziehen St. Cyr's, Eugen's und der Garden ebendahin, bezeichnet den Beginn der erwähnten zweiten Durchbruchsphase, eine Operation, die, wenn Barclay dem ursprünglichen Plane gemäss im Lager von Drissa geblieben wäre, zu dessen Vernichtung führen musste.

Allein wenn dieser seinen Fehler frühzeitig erkannte und, der Vereinigung mit Bagration entgegenstrebend, auf Witebsk auswich, war das directe Folgen der Franzosen auf Drissa und die Langsamkeit ihrer Bewegung nicht geeignet den Durchbruch zu vollenden.

Der Grundidee entsprechend würde es gewesen sein, wenn Napoleon, welcher die Lage der Russen nach begonnenem Durchbruche genau kannte, energisch auf der Hauptoperationslinie gegen Moskau vorgedrungen wäre, — wozu ihm seine namhafte Ueberlegenheit das Recht gab, — um in der Gegend Witebsk-Smolensk stehend, in günstige strategische Beziehungen zu Barclay zu gelangen und unter solchen Umständen diesen zum Kampfe zu veranlassen.

V.
Ueber die Operationen Davoust's und Jérôme's gegen Bagration.

Wie im vorhergehenden Capitel besprochen wurde, führte das Streben nach schneller Entscheidung, begünstigt durch die ausgedehnte Aufstellung des Gegners, zum Durchbruche und weiter zur Theilung in zwei Hauptgruppen, um beide russischen Armeen, im strategischen Sinne gleichzeitig zu schlagen.

Die südliche Gruppe bestand aus dem combinirten Corps unter Davoust *) mit etwa 40.000 Mann und dem Heerestheile unter Jérôme **) mit ungefähr 80.000 Mann.

Was war nun ihre Aufgabe?

Davoust war die Spitze des französischen Riesenkeiles, der sich zwischen die getrennten russischen Armeen einschob, um ihre Vereinigung zu verhindern, speciell um ein Ausweichen Bagrations nordwärts unmöglich zu machen. Davoust's anfängliche Bestimmung konnte daher wohl nur die sein, durch rasches Vordringen gewisse Punkte schnell zu erreichen, um die gegen Nord gerichtete Bewegung Bagration's zu hindern; denn die eigentliche und wirkliche Barrière, welche diesen von Barclay abhalten sollte, war die ganze französische Hauptarmee, deren Avantgarde als Keilspitze Davoust bildete.

Sein Corps wurde schwach gehalten, vermuthlich darum, weil es wünschenswerth schien, ihn zu raschen Bewegungen zu befähigen. Um ihn jedoch im Beginne seiner Operation gegen einen Misserfolg zu schützen, folgte Eugen als Unterstützung nach und blieb in diesem Verhältnisse so lange, bis der erste wahrscheinlichste Versuch Bagration's, nach Norden durchzudringen, vereitelt und dieser genöthigt war, seinen Rückzug in südöstlicher Richtung fortzusetzen. Hiemit war der erste Theil der Davoust gestellten Aufgabe gelöst und der Vice-König von Italien wurde, da seine Unterstützung hier nicht weiter nöthig, zur Hauptarmee gezogen.

Der zweite Theil der Aufgabe Davoust's war sodann, gemeinschaftlich mit Jérôme im Sinne der doppelten Umgehung Bagration zu schlagen.

Jérôme war anfangs eine demonstrative Rolle zugefallen; er hatte im Aufmarsche zurückzubleiben, eine refüsirte Staffel bildend, um Bagration zu dem beabsichtigten Einbruche in Polen oder doch mindestens zum Stehenbleiben zu veranlassen, was begreiflicherweise zur Förderung des Durchbruches beitragen musste. Demzufolge überschritt Jérôme auch später als Napoleon den Niemen.

---

*) 2 Divisionen, Desaix und Compans, und 2 Cavallerie-Brigaden des 1. Corps; Division Claparède, Weichsellegion der Garde; Divisionen Chastel und Lahoussay vom 3. Reiter-Corps unter Grouchy.

**) Das 5 Corps, Polen, unter Poniatowsky,
„ 7. „ Sachsen, unter Reynier,
„ 8. „ Westphalen, unter Vandamme, später Junot.

Der folgende wesentliche Theil der Bestimmung Jérôme's bestand darin, Bagration theils direct zu folgen, theils ihm ein Ausweichen nach Südosten unmöglich zu machen, mithin die Umgehung seiner südlichen Flanke zu bewirken. Die günstigste Zeit hiezu war, so lange der russische General im Beginne seiner Bewegungen nordwärts auswich, um sich mit Barclay, seinem natürlichen Schwerpunkte, zu vereinigen. Wollte Jérôme diese vortheilhaften Momente nicht ungenützt verstreichen lassen, so war grosse Thätigkeit und rasches Handeln geboten; jedenfalls aber musste er Bagration auf dem Fusse folgen, und da es vorauszusehen war, dass die Durchführung der Aufgabe, das directe Folgen sowohl, wie das Umklammern des linken russischen Flügels und das Vereiteln des Versuches, in südöstlicher Richtung auszuweichen, entscheidende Gefechte herbeiführen werde, war Jérôme eine so bedeutende Truppenmasse zugewiesen worden.

Betrachtet man Jérôme's Durchführung der Operation, so findet man, dass dieselbe seiner wichtigen, die angestrebte schnelle Entscheidung in so hohem Grade bedingenden Aufgabe nicht entsprach; seine Wahl war ein Missgriff Napoleon's, der mit der Ausführung einer so wichtigen Aufgabe einen erprobten General, nicht aber den unerfahrenen Jérôme hätte betrauen sollen.

Das Gelingen derselben forderte energisches Handeln und eine scrupulöse Ausnützung von Zeit und Raum, um Bagration auf dem Wege in südöstlicher Richtung, etwa in der Gegend von Nieswież, zuvorzukommen, ihn auf Davoust zu treiben und mit diesem in Gemeinschaft vernichtend zu schlagen, oder endlich, falls Bagration ostwärts auswich, ihn südlich zu cotoyiren, dazu aber mit diesem, so wie im Interesse des Schlagens — im Sinne der theoretischen Lehre von der doppelten Umgehung — auch mit Davoust stets Fühlung zu behalten.

Blieb bei solcher, richtig combinirten Thätigkeit der französischen Generale Bagration noch ein Rettungsweg in der Richtung gegen Osten offen, so verengerte sich doch immer mehr der gefährliche Kreis der ihn Verfolgenden und leicht konnte es diesen gelingen, jenen bei einem Flussübergange über die Berezina oder über den Dniepr zu vernichten. Dazu gehörte aber Thatkraft und übereinstimmendes Handeln der umgehenden Theile. Die Thatsachen zeigen, wie wenig Jérôme den Forderungen seiner Aufgabe nachkam. Am 30. Juni hatte der König von Westphalen Grodno erreicht, war aber am 4. Juli noch nicht darüber hinaus und gelangte erst am

11. nach Nowogrodek, nachdem Bagration und Platow es schon passirt hatten und in Nieswież und Mir eingetroffen waren.

Da es von Grodno bis Nowogrodek etwa 17 Meilen sind, konnte Jérôme am 6. Juli daselbst sich dem an diesem Tage von Nikolajew zurückkehrenden Bagration vorlegen, oder ihn, wenn derselbe den schlechten Landweg längs des Niemen einschlug, während seines Flankenmarsches nach Mir über Nowi-Mjesto anfallen und vernichtend schlagen.

Aber freilich erforderte das eine grosse Energie und rastlose Thätigkeit, Eigenschaften, die Jérôme nicht besass.

Smitt sagt darüber treffend: „Sein neuester Lob- und Geschichts„schreiber Ducasse sucht ihn wegen dieses unverzeihlichen Zeitver„lustes damit zu entschuldigen, dass in diesen vier Tagen ein ent„setzliches Wetter geherrscht habe. Es ist wahr, ein kalter Regen „ergoss sich; wo hat aber ein Regen je die Operationen tüchtiger „Feldherrn aufgehalten? Der Krieg weiss keinen Unterschied zwischen „Regen und Sonnenschein; was nothwendig ist, muss ausgeführt „werden, wenn sich auch alle Schleussen des Himmels öffneten.“

„Nur Stutzer und Frauen, sagte Suworow in seinem Tages„befehle an Melas,*) verlangen immer schönes Wetter; der Dienst „des Kaisers kümmert sich darum nicht; wer schwach von Gesund„heit ist, kann zu Hause bleiben.“

So benützte Bagration die Zeit und den Weg, welche Jérôme ihm gelassen hatte und trachtete, in starken Märschen den Dniepr zu erreichen.

In Nowogrodek und Nieswież hört die Wirksamkeit des Heerestheiles Jérôme's auf.

Davoust hingegen führt trotz seiner Schwäche, seine Aufgabe mit viel Geschick durch; nachdem sein Erscheinen in Witznew den Marsch Bagration's über Nikolajew nordwärts verhindert hatte, sperrte er ihm bei Minsk neuerdings den Weg, was Bagration zwang, von Nowi Swierzno nach Nieswież in die südöstliche Richtung zu gehen.

Das Zurückbleiben des Heerestheiles Jérôme's, der bei Wiederbeginn der Bewegung am 16. Juli, mit Ausnahme des 4. Reiter-Corps Latour-Maubourg, der Richtung Davoust's nachfolgte, gestaltete die Lage des letztern zu einer exponirten, sehr gefährlichen; sie musste Vorsicht hervorrufen und das Vermeiden eines entscheidenden Kampfes empfehlen.

---

*) Als Melas für die Langsamkeit der Bewegung der unter seinem Befehle stehenden österreichischen Colonne vom Mincio gegen die Adda, im Feldzuge 1799, das eingetretene Regenwetter als Grund angab.

Demnungeachtet sehen wir, dass dieser General, durchdrungen von der Grösse seiner Aufgabe, seinen Gegner fortwährend im Auge behält, gegen den Dniepr rasch vordringt und bei Mohilew am 23. Juli Bagration wieder den Weg vertritt.

Dieser hatte die Absicht gehabt, über Orzsa Barclay die Hand zu reichen, als er bei Mohilew auf seinen unermüdlichen Dränger stiess, dessen Stärke er nicht genau kannte und die er bedeutend überschätzte, indem er annahm, Davoust habe alle 5 Divisionen seines Corps, also 70.000 Mann, bei sich.

Trotzdem muss man Bagration's Versuch durchzubrechen als berechtigt erkennen, indem er ja nicht wissen konnte, ob ihm sein Gegner nicht auch in der Richtung auf Smolensk zuvorkommen und ihn zu einem noch weiteren Ausweichen zwingen werde.

Gelang es Bagration, Davoust zu werfen, dann war ihm der Weg über Orzsa oder Dubrowna, auf einem oder dem andern Dniepr-Ufer nach Witebsk, der im Augenblicke wichtigsten Gegend, geöffnet; scheiterte aber der Versuch, so erleichterte er sich doch den Marsch auf Smolensk, indem er den Angriff als Demonstration ausnützte, die einen südlichen Uebergang vorbereitete und Davoust über die Richtung der ferneren Bewegung in Ungewissheit erhielt.

Davoust selbst führte seine Aufgabe durch sein Standhalten bei Mohilew bis zur äussersten Grenze durch; nachdem er auf die Mitwirkung des 5., 7. und 8. Corps nicht mehr rechnen konnte, das 3. Reiter-Corps und die Weichsellegion bereits zur Armee gezogen worden und vom eigenen Corps in Folge von Entsendung und zurückgelassenen Besatzungen nur mehr 20 Bataillone und 28 Escadronen, etwa 12.000 Mann Infanterie und 3000 Reiter, übrig waren, konnte Davoust wohl nicht mehr daran denken, auch östlich des Dniepr's spaltend vorzudringen. Dass Napoleon selbst diese Idee aufgegeben hatte, nachdem Jérôme's Thätigkeit so unrühmlich geendet, beweist das Abberufen Grouchy's und der Garde-Division.

VI.
Ueber die Operationen gegen die russische Hauptarmee und deren Bewegungen bis zur Erreichung von Witebsk.

Die strategische Grundidee des französischen Kaisers war, wie in dem vorigen Abschnitte gesagt, das Eindringen in die sehr ausgedehnte Aufstellung der Russen, das Erhalten der Trennung, das

Schlagen der Theile in derselben und unter günstigen strategischen Bedingungen, mit der bestimmten Absicht, dabei die Hauptmasse vom gewählten Operationsobject Moskau ab und nordwärts zu drängen.

Es ist eine alte Wahrheit, dass nicht das Begonnene, nur das Vollendete reellen, nachhaltigen Nutzen bringt. Der Durchbruch des russischen Heeres war angebahnt; eigenthümliche, glückliche Verhältnisse förderten die französischen Operationen und versprachen ihnen Erfolg. Die Keime desselben waren vorhanden; es bedurfte nur der kundigen Hand sie zu pflegen und grosszuziehen, um reiche Ernte einzuthun.

Wir haben in früheren Sätzen jene Bedingungen erörtert, an deren Erfüllung die strategische Operation des Durchbruches gebunden ist, damit er zu einem factischen, vollendeten, gleichsam unwiderruflichen werde, und haben dargethan, wie nach bewirkter oder erhaltener Trennung des zu bekämpfenden Heeres, das Moment des Kampfes in den Vordergrund tritt, wie der Kampf sein Recht fordert.

Ist auch das Schlagen — in des Wortes enger Bedeutung — eine Handlung vorwiegend taktischer Natur, so ist es hingegen andererseits ein Product strategischen Calculs, und die Strategie bestimmt, ob der Kampf, und wann und wo er erfolgen solle. Sie entscheidet also über Nothwendigkeit und Nützlichkeit oder Opportunität des Schlagens, setzt den für dasselbe entsprechenden Zeitpunkt fest und bezeichnet den Raum, in welchem der Zusammenstoss der feindlichen Kräfte stattfinden soll.

Sind diess in ihren Hauptzügen die Forderungen, welche an die Strategie bis zum Momente des Kampfes herantreten, so wurden sie in jenem Falle, der uns beschäftigt, noch dadurch erweitert, dass ihr auch die Aufgabe zufiel, zu bestimmen, gegen welchen Theil des russischen Heeres die französische Armee sich zu wenden habe, welchen sie zunächst zu schlagen suchen müsse. Die Wahl konnte hier nicht schwierig sein. Wie im Leben des Individuums ein erreichter grosser Erfolg eine ganze Reihe von kleinen, aber wünschenswerthen Nebenerfolgen im Gefolge hat, so ist diess in noch viel höherem Masse im Kriege der Fall. Napoleon durfte die günstigen Chancen, die sich seiner Action momentan, wohl ohne Wiederkehr, boten, nicht ungenützt vorübergehen lassen; er musste sie ganz und vollständig und bis in ihre äussersten Consequenzen ausnützen. Der Grösse seines Zieles musste sein Entschluss gleichen und nur die Möglichkeit durfte seines Handelns Schranke sein.

Der stärkste und darum wichtigste Theil des russischen Heeres war jedenfalls die Armee Barclay's; schlug Napoleon diese entscheidend, worauf er bei seiner Ueberlegenheit rechnen konnte, so war wahrscheinlich zugleich das Schicksal Bagration's entschieden, jedenfalls aber dieser unschädlich gemacht, also der Durchbruch vollendet.

Verlangten massgebende Gründe, den Kampf mit Barclay zu suchen, so war es weiter nothwendig, dass jener in einer für die Franzosen strategisch vortheilhaften, die Trennungs-Idee fördernden Lage stattfinde. Und hiezu entsprach — als Detailbewegung des Durchbruches — die Anwendung der einfachen strategischen Umgehung, mit der Tendenz, den Stoss gegen jene Flanke des Gegners zu führen, durch deren Angriff die Trennung erhalten und vergrössert werden musste, ihn also in einer Richtung zu fassen, in welcher ein Sieg die grössten Folgen erwarten liess.

Für die Bestimmung dieser Richtung, welche Napoleon der Hauptmasse seiner Armee zur Vollendung des Durchbruches zu geben hatte, war genaues Prüfen und Abwägen der Verhältnisse nöthig.

Als Napoleon mit der Hauptmasse, als vorderer Spitze seiner Staffeln, den Niemen überschritt, begann der Durchbruch.

Das Glück begünstigte ihn nicht allein, wie wir gesehen, in der feindlichen Aufstellung, sondern auch darin, dass die Hauptarmee seines Gegners excentrisch wich. Sie suchte Schutz hinter der Düna; bei der Nähe dieses Flusses am Niemen, war ein Schlagen der Russen diesseits und ein Abdrängen nordwärts wohl kaum ausführbar; übrigens musste auch die Thätigkeit der Franzosen ausschliesslich der Ausführung des beschlossenen Durchbruches zugewendet bleiben und durfte nicht auf ein anderes, nur mögliches Ziel gerichtet werden, weil, wenn dieses nicht erreicht wurde, durch den bei einer solchen Operation unvermeidlichen Zeitverlust der Erfolg des Durchbruches selbst in Frage gestellt sein konnte.

Die Hauptrichtung für die durchbrechende, zur Herbeiführung der Hauptentscheidung bestimmte Masse, ist gegeben durch denjenigen Raum, in welchem allen jenen Bedingungen, die wir früher als unerlässliche und als fördernde für die strategische Operation des Durchbruches bezeichneten, am vollständigsten entsprochen werden kann.

Für die Franzosen war diess die Gegend von Witebsk. Hier überschritt die hinter der Düna führende Hauptverbindung den Fluss, um in die grosse Moskauer-Strasse einzumünden; hier schloss sich aber auch die Strasse an, welche, von Süden kommend, dem Bestreben Bagration's nach Vereinigung am besten entsprach; hier stand man in der linken Flanke Barclay's, in einer Situation, in der man eine Vereinigung nicht allein völlig vereiteln konnte, sondern auch für den Kampf, die Frontrichtungen in Betracht gezogen, die günstigsten Bedingungen besass, und für die Russen ein Abgedrängtwerden in nördlicher, ihnen verderblicher Richtung unvermeidlich war.

Ueber die Richtung dürfte also kein Zweifel walten; allein im Kriege wiegt auch schwer die Zeit und auch diese sprach für ein Vorgehen auf Witebsk.

Den Russen direct gegen die Düna zu folgen, würde nur in dem durch die Hauptidee gegebenen Rahmen statthaft gewesen sein, und diese bedingte das spätere Umgehen des linken russischen Flügels, wie es auch factisch in der Absicht Napoleon's lag.

Wenn man aber umgehen will, so ist der Weg dazu auf zwei Seiten eines Dreiecks, der doch um Vieles länger ist, als jener auf der dritten, kein richtiger.

Die Linie von Wilna bis in die Gegend von Widze-Braclaw (Murat am 10. Juli) hat ungefähr 20 Meilen Länge; von hier bis Witebsk sind es über 25 Meilen, zusammen also 45—50 Meilen; von Wilna direct auf Witebsk sind es aber nur 35—40 Meilen, was zu Gunsten der directen Richtung einen Vorsprung von 4—5 Märschen gibt.

Dem Einwurfe, dass die empfohlene Operation nicht genügend sicher angelegt gewesen wäre, weil sie einem offensiven Stosse über die Düna die Verbindungen in bedenklicher Weise blossstellte, kann man, und wohl mit Recht, entgegnen, dass die gewünschte Sicherheit in der namhaften Ueberlegenheit Napoleon's zu erblicken war, und dass er dabei mit gewisser Sicherheit das vorgesteckte Ziel erreichen konnte.

Der Ueberlegene besitzt durch seine Ueberlegenheit, diese möge nun aus welch' immer für Factoren entstanden sein, das Recht zum Wagen, während der Schwächere wohl erwägen muss, was er thut, um durch ein unbesonnenes Wagniss nicht ins Verderben zu stürzen.

Napoleon's Ueberlegenheit erlaubte ihm, sich gegen Drissa zu decken und zu gleicher Zeit mit noch überlegener Kraft bei Witebsk zu erscheinen.

Es ist allerdings nicht zu läugnen, dass ein Demonstriren gegen Drissa, im Sinne der theoretischen Lehre für das einfache Umgehen, von Nutzen war, um die Russen in ihrem Irrthume zu erhalten und ein vorzeitiges Abrücken derselben südostwärts hintanzuhalten. Allein die Demonstration brauchte nicht, wie es geschehen, mit 130.000 Mann zu erfolgen, während gegen Witebsk erst spät, als schon die Rechtsziehung der ganzen Armee im Zuge war, Eugen und St. Cyr dirigirt wurden, sondern es musste die Kraft, welche gegen Witebsk dirigirt wurde, stark, jene gegen Drissa schwach gehalten werden.

Eugen mit St. Cyr, der in Besorgniss vor Bagration lange, vielleicht zu lange in seiner Aufstellung südlich von Wilna belassen worden war, konnte, während eine schwache Demonstrations-Abtheilung (etwa Macdonald) vor Drissa blieb, in der Richtung, in der er vorgeschoben wurde, als Reserve für die nach Norden Front machende Armee angesehen werden; er konnte dabei den Auftrag erhalten, sich als Flankenkorps irgendwo aufzustellen, um dem Stosse eines Ausfalles aus Drissa zu begegnen, welcher die Richtung zwischen der Demonstrations-Truppe und dem nach Witebsk ziehenden Gros gegen Süd, also jene Richtung nehmen würde, in der Barclay ausfallen musste, um Bagration die Hand zu bieten und mit ihm gemeinschaftlich zu handeln.

Uebrigens war ein Offensivstoss der Russen weder wahrscheinlich noch gefährlich; nicht wahrscheinlich, weil der gehetzte Bagration keine Aussicht hatte, sich in jener Gegend anzuschliessen, von einem Entgegenkommen Barclay's somit auch keine Rede sein konnte; nicht gefährlich, weil, wie gesagt, die Ueberlegenheit Napoleon's hinlängliche Garantien für Flanke und Rücken enthielt, und überhaupt gefährlich also nur jener Stoss werden konnte, der in einer Richtung erfolgte, wo eine Störung des beabsichtigten Unternehmens möglich war, d. i. in der Richtung nach Südost auf Witebsk; diese Gefahr aber wurde paralysirt durch die Concentration starker Massen daselbst.

Es wurde schon zu wiederholten Malen die Wichtigkeit betont, welche die Zeit im vorliegenden Kriegsfalle ganz besonders besass; es wurde bemerkt, wie es Napoleon aus schwerwiegenden Gründen darum zu thun sein musste, eine rasche Entscheidung zu suchen.

Wir sehen dagegen einen Stillstand in den entscheidenden Operationen eintreten. Napoleon am 28. Juni in Wilna eingetroffen, verlässt es erst am 16. Juli, um den vorbereiteten Streich zu führen und den Russen über Polock oder Witebsk die linke Flanke abzugewinnen, — an demselben Tage, an dem Barclay aus der Gegend von Drissa aufbrach.

Die Garde marschirte vom 9. bis 16. Juli von Wilna nach Glubokoje. Vom 18. bis 22. Juli blieb Napoleon unthätig in Glubokoje, obwohl er St. Cyr, Eugen und die Garden, 120.000 Mann, unmittelbar bei der Hand hatte, zur selben Zeit, als Barclay in forcirten Märschen nach Witebsk eilte.

Es drängt sich da unwillkührlich die Frage auf: **was war die Ursache des Stillstandes bei Wilna, und welche Gedanken mag Napoleon bei der Anordnung seiner Kräfte gehabt haben, eine Anordnung, die im Gegensatze steht zu jenen Entwicklungen, die sich aus der Lage der Dinge ihm ergeben mussten?**

Die Ursachen des Stillstandes waren:

1. Die Unsicherheit der Verhältnisse bezüglich Bagration's, und
2. die Nothwendigkeit, Zeit zur Heranziehung Eugen's zu gewinnen.

Was nun den ersten Umstand betrifft, lag ein Ausweichen Bagration's gegen Norden wohl im Bereiche der Möglichkeit, allein es war nicht dermassen zu fürchten, dass es das Festhalten so bedeutender Massen, der Garden, Eugen's und St. Cyr's, in und südlich Wilna rechtfertigen würde.

Napoleon hatte zur Bekämpfung dieser russischen Armee bereits 120.000 Mann, also beinahe das dreifache der gegnerischen Stärke verwendet.

Andere 120.000 Mann hielt er um Wilna, um die Möglichkeit eines Durchbrechens ganz zu beseitigen, — wahrlich eine Kraftverschwendung mit Rücksicht darauf, dass es ja in seinem Plane gelegen war, die beiden russischen Armeen, durch zwei doppelte Umgehungen gleichzeitig zu schlagen.

Eine Vereinigung Bagration's im Rücken der unaufgehalten gegen Witebsk vorgedrungenen französischen Armee, wäre bei der numerischen Inferiorität der Russen nicht gut ausführbar gewesen; sie konnte nur nach einem harten Kampfe mit Davoust und den Barclay gegenüber stehen gelassenen Abtheilungen stattfinden; endlich war ein solches Unternehmen überhaupt nicht zu erwarten, denn es brachte entweder die auf dem linken Dünaufer vereinigten Russen in die Lage, mit völlig verwandter Front kämpfen zu müssen, was bei dem für die Franzosen unausbleiblichen Siege einem grossen Unglücke gleich kam, oder der Kampf erfolgte auf dem rechten Ufer, was Napoleon nur erwünscht sein konnte, weil er dadurch im Stande war, Alles nordwärts zu werfen.

Das einzige Ziel der Russen war die Deckung der Moskauer-Strasse, das nächste also die Vereinigung an oder auf dieser. Mit Rücksicht darauf, wie auf den Umstand, dass beide Schläge gleichzeitig erfolgen sollten, und weil Napoleon der russischen Hauptmacht gegenüber stand und hier die grösste Kraft zu schlagen und der bedeutendste Sieg schnell zu erringen war, hätte die Unternehmung gegen Bagration in keiner Weise sein eigenes Handeln beeinflussen sollen.

Glaubte er aber, da er die Fähigkeiten seines Bruders kannte, dass die Persönlichkeit Jérôme's nur wenig Garantie für die vollständige Durchführung des Unternehmens biete, — so war dessen Wahl ein schwerer Fehler; — allein Zeit verlieren, Kräfte zurückhalten, um sich die Freiheit einer andern Operation zu wahren, wenn Bagration entwischte, war auf keinen Fall nöthig.

Bei den Operationen gegen die russische Hauptarmee beabsichtigte Napoleon, dieselbe im Lager von Drissa festzuhalten, wohin sie sich zurückgezogen hatte, um sich, wie Napoleon vermuthete, dort zu behaupten. Zu diesem Zwecke liess er Murat langsam folgen und gab ihm Befehl sich unthätig in angemessener Entfernung zu halten.

Sodann wollte er die Russen über Polock oder Witebsk umgehen, ihnen auf diese Weise die entscheidende linke Flanke abgewinnen, ja sich sogar des Knotenpunktes Sebesz bemächtigen, um selbst ein Ausweichen auf Petersburg unmöglich zu machen, und endlich den vernichtenden Schlag führen.

Obwohl nun Napoleon gegen Barclay die entschiedenste Ueberlegenheit besass (Garden, Murat, Ney, Oudinot 180.000 Mann, dazu noch Macdonald 30.000 Mann, dagegen Barclay 110.000 Mann), glaubte er doch seiner Sache nicht ganz gewiss zu sein und noch das Eintreffen Eugen's und St. Cyr's, (70.000 Mann), die er heranbeordert hatte, abwarten zu sollen.

Da diese aber noch fern von der Düna standen (St. Cyr bei Ganuszyszky, Eugen südlich Wilna) hatten sie einen weiten Weg zurückzulegen und Eugen überdiess einen Umweg zu machen; die hiezu erforderliche Zeit sollte durch die Unthätigkeit Murat's und Demonstrationen gegen den rechten Flügel der Russen gewonnen werden.

Die Absicht Napoleon's ging dahin, sich vor Führung des entscheidenden Schlages in ein günstiges Verhältniss zur Hauptverbindung der Russen auf Witebsk und Smolensk zu setzen und hiezu die Gruppe Eugen's zu benützen.

Ungeachtet der raschen Bewegungen St. Cyr's (er brauchte 13 Tage zu 45 Meilen, Tagesleistung also $3^1/_2$ Meilen) und Eugen's (er brauchte 18 Tage zu etwa 50 Meilen, also Tagesleistung etwa 3 Meilen, verging darüber eine höchst kostbare Zeit, was die so dringend nothwendige rasche Entscheidung vereitelte.

So wenig diese Verspätung durch das unnöthige Warten auf das Herankommen Eugen's gerechtfertigt ist, ebenso wenig liegt ein Grund für dieselbe in der damals noch geregelten Verpflegung.

So missglückten die sonst genialen Conceptionen Napoleon's, weil er den Werth der Zeit unterschätzte und die Möglichkeit übersah, dass sich Barclay durch einen raschen Marsch auf Witebsk seiner gefährlichen Lage entziehen werde.

Der Aufenthalt in Glubokoje vom 18. bis zum 22. Juli verursachte abermals einen Zeitverlust von fünf vollen Tagen, welche er, obwohl er Garde, St. Cyr und Eugen (120.000 Mann) in der Nähe verfügbar hatte, ohne zu handeln ungenützt verstreichen liess, weil er sicher gehen und ohne seine ganze verfügbare, im Rechtsziehen begriffene Armee, keinen Kampf wagen wollte. Durch diese Fehler entging ihm die erste russische Armee, wie durch Jérôme's Fehler diesem die zweite entgangen war.

Die erste russische Armee war mit geringen Verlusten, und einzig und allein mit Abtrennung Dorokhow's, (Abtheilung Doktorow's) dem Plane gemäss nach Drissa gekommen.

Die strategischen und taktischen Mängel dieses Punktes waren bald Allen fühlbar; die Gefahr, links umgangen zu werden, wurde Barclay bei den Demonstrationen Oudinot's immer klarer und so marschirte er schon am 16. Juli nach einem siebentägigen Aufenthalte mit der Armee gegen Polock, wo er am 18. eintraf.

Hier stand er, wie er in einem Berichte an Kaiser Alexander sagt: „am Knotenpunkte der Strassen nach Newel, nach Sebesz „und nach Witebsk und konnte nach Belieben wählen, dahin zu „gehen, wohin es die Umstände geboten."

Immer mehr sah Barclay ein, dass es für ihn die Hauptsache sei, sich die Verbindung mit dem Innern des Reiches, mit den von dort erwarteten Verstärkungen und den Ressourcen des Südens frei zu halten. Das Rechtsziehen der Franzosen, die Bewegungen Napoleon's bei Glubokoje, öffneten ihm vollends die Augen.

Am 20. Juli brach er mit der Armee von Polock auf (Wittgenstein mit 25.000 Mann blieb zurück, um die Petersburger Strasse zu decken) und marschirte in 4 Märschen (Polock-Witebsk $15^1/_2$ Meilen) nach Witebsk, wo er am 23. früh eintraf; er machte also, um den Franzosen zuvorzukommen, Tagesmärsche von etwa 4 Meilen.

VII.

Ueber die entscheidende Wichtigkeit der Gegend von Witebsk sowohl für die Franzosen, als für die Russen und über die Lage, in der Napoleon war, als er Witebsk erreichte. Unterlassung des Angriffs am 27. Juli; Stillstand daselbst.

Es wurde im Laufe der vorhergegangenen Capitel wiederholt die strategische Bedeutung der Gegend von Witebsk begründende Momente berührt, welche wir zur grösseren Klarheit kurz recapituliren wollen.

In dem Benehmen des Angreifenden, der strategisch zu durchbrechen die Absicht hat, wie in dem Benehmen des Angegriffenen, der von einem Durchbruche bedroht ist, lassen sich zwei Phasen erkennen.

Bei dem Angreifer prägt sich in der ersten das Bestreben aus, die Trennung des Gegners auf das höchste zu steigern; in der zweiten aber das Verlangen, zum Kampfe zu kommen, also das Aufsuchen desselben.

Die Trennung wird am höchsten sein, wenn der Angreifer einen Punkt oder eine Gegend erreicht hat, durch deren Besitz dem Gegner die Vereinigung entweder ganz unmöglich oder nur schwer auf weitem Umwege, mit grossem Zeitverluste möglich gemacht ist; damit beginnt aber auch die zweite Phase, in welcher das Streben nach dem Kampfe an die Stelle des früheren und in den Vordergrund tritt.

Dem entsprechend, jedoch im umgekehrten Verhältnisse wird des Angegriffenen Benehmen sein; die erste Phase desselben wird durch das Bestreben charakterisirt, einen entscheidenden Kampf als Theil zu vermeiden, also auszuweichen; die zweite aber durch das Drängen nach Vereinigung.

Zwischen beiden Phasen liegt beim Angreifer wie beim Vertheidiger, besonders aber beim ersten, ein Wendepunkt, der durch das Erreichen jener Gegend gekennzeichnet wird, mit deren Besitz entweder die Trennung oder die Vereinigung gesichert ist, wo also selbst beim Vertheidiger der Gedanke an einen Kampf eines Theiles, wenn er im Interesse der Vereinigung geboten erscheint, herrschen darf.

Die russische I. Armee war nach Drissa gewichen; damit war sie zwar der Gefahr entgangen, auf dem linken Ufer oder während des Ueberganges auf dasselbe in einer nachtheiligen strategischen Situation geschlagen zu werden; es war aber damit auch der erste Schritt zur Vereinigung gethan, weil sie auf dem rechten Ufer stehend, sowohl im Allgemeinen, wie bezüglich jener Wege, welche ihr zur Vereinigung mit Bagration dienen sollten, sicherer war.

Allein sie durfte nicht in Drissa bleiben, das ohnehin nur eine Schöpfung krankhafter Einbildung war, sondern musste mit aller Energie nach Vereinigung trachten, denn jedes Stehenbleiben machte die Trennung ausgesprochener.

Napoleon hingegegen durfte nicht auf Drissa folgen, sondern musste in der Richtung seines Objectes Moskau rasch vordringen; er musste diess thun, um die Trennung zu vergrössern; er konnte es thun, weil ihm seine Ueberlegenheit dazu das Recht gab.

Auf der eben erwähnten, gegen das Operationsobject Moskau führenden Linie, welche im Ganzen wichtig, in einzelnen Theilen jedoch, mit Rücksicht auf die Absicht der beiden Gegner, von besonderer Bedeutung war, musste sich vorerst ein Raum finden, der einen speciellen strategischen Werth für den Angreifenden in Bezug auf die Trennung des Gegners, für den Angegriffenen aber in Bezug auf das Verhindern dieser Trennung besass.

Ein solcher, strategisch wichtiger Raum für Freund und Feind war die Gegend von Witebsk; mit dem Erreichen derselben musste der oben besprochene Wendepunkt eintreten; denn sie liegt an der centralen Linie, am kürzesten Wege nach dem Centrum Moskau, und von ihr aus konnte, begünstigt durch den Zug der Communicationen, die Vereinigung der beiden getrennten russischen Armeen am leichtesten verhindert werden.

Für die Franzosen hörte mit der Erreichung dieser Gegend die Nothwendigkeit, weiter zu trennen, als Hauptbestreben auf und es trat dasjenige nach Kampf an dessen Stelle. Von Witebsk aus konnte die einfache strategische Umgehung beginnen, wobei den gegen Smolensk laufenden Verbindungen des Feindes eine besondere Aufmerksamkeit zugewendet werden musste.

Um die volle Bedeutung Witebsk's zu würdigen, müssen wir auf die Ereignisse zurückblicken, welche während dessen zwischen dem Niemen und Witebsk stattgefunden hatten.

Die französische Armee hatte starke, durch die sich bewegende Masse und die verdorbenen Wege auch beschwerliche Märsche gemacht; dem schlimmen Regenwetter waren heisse Tage gefolgt, an denen grosse Strecken zurückgelegt worden waren.

Diese beträchtliche und relativ rasche Entfernung von der Basis, machte es, besonders bei den durch Regenwetter verschlechterten Strassen, unmöglich, mit dem Train und den Proviant-Colonnen nachzukommen, wodurch die Verpflegung in's Stocken gerieth.

Mit dem Mangel an Lebensmitteln waren, bei dem ungeheuren Kraftverbrauche der Märsche, so viele Zerstörungselemente in die französische Armee gekommen, dass sie unfähig wurde, ihrem Zwecke nachzugeben, dass sie bei weiterem Vorgehen sich endlich in der kürzesten Zeit selbst zerstört hätte.

An eine kräftige Fortsetzung des Krieges war vorläufig nicht zu denken, und so repräsentirt Witebsk gewissermassen die Grenzmarke für die Ausdehnung der Operationen, innerhalb welcher entweder die Entscheidung gefallen sein, oder wo ein Stillstand eintreten musste.

Um nun zu dieser Entscheidung zu gelangen, musste sich Napoleon zu schnellem Handeln dadurch befähigen, dass er sich von seiner Basis momentan unabhängig machte, indem er, wie es factisch geschehen, gleich von Hause aus eine 16tägige Verpflegung für die Armee mit nahm.

Innerhalb dieser sechzehn Tage musste daher die Entscheidung vor oder bei Witebsk gesucht werden. Napoleon selbst glaubte, in 14 Tagen dazu gelangen zu können.

Jene für ausreichend gehaltene Zeit, für die regelmässige Verpflegung sicher gestellt war, überschritt man aber wegen unnöthiger Ruhepausen und musste die unnütz verlorene durch theilweise ungeheure Märsche einzubringen suchen, welche die Kräfte der Armee herabbrachten und Unordnung, so wie jenen namenlosen Abgang von 129.000 Mann erzeugten. In Witebsk war die Idee des Durchbruches für Napoleon im negativen Sinne beendet.

Hier war die äusserste Grenze für das ruhelose Vordringen des Kaisers; denn Mangel an Verpflegung und Ruhebedürftigkeit der Truppen machten jede weitere Operation momentan absolut unmöglich.

Das Abgehen von der kürzesten Linie nach Witebsk und das Folgen auf Drissa hatten diese Lage geschaffen; die Franzosen erreichten so spät und in so betrübendem Zustande die Gegend von Witebsk, dass die Russen Zeit gewannen, die beabsichtigte Trennung zu vereiteln: ihre Hauptmasse hatte die innere Linie erreicht; die Vereinigung mit Bagration, die Verbindung mit dem wichtigen

Süden blieb ihnen nunmehr gesichert, weil das frontale Folgen auf der einfachen inneren Linie keine vortheilhaften strategischen Combinationen zuliess, — vorausgesetzt, dass die Russen nicht selbst durch die übereilte oder ungeschickte Anlage eines Kampfes auf dieser Linie Napoleon Mittel dazu boten, wie es bei Smolensk beinahe geschehen wäre.

In den hier entwickelten Verhältnissen lag eben die für beide Theile entscheidende Wichtigkeit der Gegend von Witebsk; das Erreichen derselben markirt einen Abschnitt im Feldzug, das Eintreten einer Pause.

Mit dem Vorrücken ostwärts trat ferner für die französische Armee eine Empfindlichkeit der Flanken ein, welche durch die nöthigen Sicherungsmassregeln nothwendigerweise die Kraft verringern und die Sieges-Chancen gegenüber dem vereinten Gegner vermindern musste, der mit jedem Schritte weiter Verstärkungen aufnahm und Zeit gewann, das Anrücken Tschitschakoff's, die Beendigung der Organisirung der Milizen und das Herbeieilen derselben zu ermöglichen.

Wir haben früher gesagt, dass die Gegend von Witebsk die Grenze bildete, innerhalb welcher die Entscheidung hätte fallen sollen; da diess nun bis dahin nicht geschah, so sollte es wenigstens bei Witebsk selbst stattfinden, und das Glück schien, dieser Nothwendigkeit Rechnung tragend, Napoleon noch einmal lächeln zu wollen.

Nachdem er am 25. und 26. Juli die russischen Corps unter Ostermann und Kanawniżnin, welche eine vorbereitende Bewegung Barclay's auf Orzsa in der Flanke decken sollten, zurückgedrängt hatte, erschien er am 27. vor Witebsk, wo er die russische Armee hinter der Luczesa in Schlachtordnung fand, wie es schien, Willens, die Schlacht anzunehmen.

Factisch hatte Barclay den gefährlichen Entschluss gefasst, zu kämpfen, zum Besten Bagration's, damit dieser nicht, wenn er weiter zurückginge, bei der ihm gegebenen Richtung auf Orzsa und Babinowice, mitten in die feindlichen Heermassen geriethe und vernichtet würde.

In seiner geheimen Denkschrift motivirt Barclay sein Stehenbleiben bei Witebsk und die Kämpfe am 26. und 27. Juli damit, dass er dazu genöthigt gewesen wäre, weil das ganze 6. Corps (Dachturoff), welches den langen Zug der Artillerie-Parks, der Pontons, der Wagen mit den Lebensmitteln und Kranken deckte, die auf

Toropec und über Gorodek auf Surash zogen, noch nicht herangekommen gewesen wäre.

Die Absicht, eine Schlacht zu liefern, rechtfertigt er damit, dass Napoleon nur einen Theil der Armee bei sich gehabt habe, dass er, wie bemerkt, das Anrücken Bagration's protegiren wollte, und dass er aus der Haltung der Russen am 26. und 27. mit Sicherheit auf den Sieg zu rechnen glauben konnte.

Barclay mochte in allem ungefähr 80.000 Mann stark sein; Napoleon hatte bei der Hand: Murat mit dem 1., 2. und 3. Reiter-Corps (ohne Doumerc), drei Divisionen von Davoust, das 4. Corps (Eugen), das 3. Corps (Ney) und die Garde — im Ganzen, (die Verluste schon abgerechnet) wenigstens 140.000 Mann. Die Armee, welche sich am 24. bei Bieszenkowice gesammelt und die Vorbereitungen zum Gefechte getroffen hatte, trat am 25. den Weitermarsch nach Witebsk, dicht aufgeschlossen, an, um sich, wenn nöthig an einem Tage zur Schlacht entwickeln zu können.

Jetzt war es Zeit anzugreifen; es war das letzte Mal, dass man aus der Theilung des Gegners Vortheil ziehen konnte. Blieb der Moment ungenützt, griff Napoleon mit den nächsten Corps jetzt nicht rasch ein, so war es später nicht mehr möglich, weil aus den oben entwickelten Gründen es nicht ausführbar war, augenblicklich dem Gegner zu folgen. Damals sicherte die Ueberlegenheit Napoleon den Sieg, zu dem er sogar schon im ersten Augenblicke hinlänglich Truppen zur Verfügung hatte; die nächsten Corps wären im Laufe des Kampfes eingetroffen und hätten durch ihr unvermuthetes Auftreten doppelt nachtheilig für die Russen gewirkt.

Napoleon liess sich diese letzte günstige Gelegenheit entschlüpfen; er verschob den Kampf auf den folgenden Tag, weil noch nicht alle Heerestheile eingetroffen; allein die Russen waren am Morgen aus ihrer Stellung spurlos verschwunden und damit auch die Hoffnung, sie zu vernichten.

Die Ursache dieses plötzlichen Abmarsches war die Meldung Bagration's, dass er bei Mohilew nicht habe durchdringen können, ja sogar befürchte, dass Davoust ihm auch bei Smolensk zuvorkommen werde.

Ein Kampf bei Witebsk hatte unter solchen Umständen keinen Zweck mehr; ja selbst ein Sieg wäre nutzlos geworden, wenn mittlerweile Smolensk vom Feinde besetzt wurde. Diess war vorläufig für die Russen der wichtigste Punkt und desshalb zog Barclay zu dessen Sicherung rasch ab. Die Artillerie-Parks und Reserven dirigirte er von Surash auf Porjetschje.

Es bewahrheitete sich hier der von Napoleon selbst oft anerkannte Satz: dass man nie etwas thut, nie etwas erreicht, wenn man im Kriege wartet, bis man alle Bequemlichkeiten und alle Glücksfälle für sich hat.

In Witebsk wurde Napoleon das Schwierige seiner Lage klar, weil hier die Täuschung über die Möglichkeit schneller entscheidender Kämpfe gegen die getrennten Theile entschwand, während zugleich die erschöpften Kräfte seiner Truppen und die in Unordnung gerathene Verpflegung zur Ruhe mahnten.

Das Bedürfniss nach Ruhe und die Nothwendigkeit, die Verhältnisse im Rücken der Armee zu regeln, um die Friction zu vermindern, die schon erschreckende Dimensionen angenommen hatte, veranlassten Napoleon zum Stillstand.

Es wurde im Verkehre mit den Häuptern der Armee vielfach die Frage ventilirt und von vielen derselben auch bejaht, ob es nicht räthlich sei, den Feldzug für dieses Jahr hier an den Grenzen des alten Polens abzuschliessen, da bei dem bisherigen Verluste von Zeit und Kraft die Aussichten auf erfolgreiche Fortsetzung und Beendigung der Operationen für dieses Jahr schwanden.

Bis zum Wiederbeginne des Krieges im Jahre 1813 konnte man das Land hinter sich organisiren, die Bevölkerung bewaffnen und an derselben für den kommenden Feldzug als treuen Bundesgenossen einen nicht unbedeutenden Kraftzuwachs gewinnen.

Die Frage hatte ihre volle Berechtigung, da sich der Zeitpunkt näherte, wo das Gleichgewicht zwischen den beiderseitigen Kräften eintreten musste. Die ungeheure Entfernung vom eigenen Lande machte den Franzosen den Ersatz der Abgänge erst in einer längeren Zeit möglich, während die Russen, im Herzen des eigenen Landes stehend, schon binnen kurzer Frist bedeutenden Zuzug an Heereskörpern und Milizen erwarteten. Eine verlorene Schlacht konnte für die Franzosen, die von ihrer Basis fern, ohne Stützpunkte, in einem ihnen feindlich gesinnten Lande operirten, verderblich werden; und zu all' dem nahte der russische Winter.

Es ist nicht einzusehen, warum nicht Napoleon mit dem Erworbenen vorläufig sich begnügen und die Mittel vorbereiten sollte, um entweder sein Unternehmen im kommenden Jahre zu Ende zu führen, oder durch Bildung eines grossen Königreichs Polen Russland den empfindlichsten Streich zu versetzen.

Smitt erzählt in seinem geistreichen Werke über den Krieg von 1812, wie Napoleon sich die Mühe gegeben habe, seine Generale zu überzeugen, dass für die französische Armee nichts gefährlicher sei, als der verlängerte Krieg, und dass eine Expedition, wie die ihrige, nur in e i n e m Zuge oder nie gelinge.

Smitt bemerkt ferner, dass die erwähnte Idee nur von geringem Gehalte und überdiess Napoleon's Geist und Kriegsart entgegen sei, vergisst aber dabei, dass derselbe Napoleon bei anerkannter Nothwendigkeit sich früher nie gescheut hatte, kürzere oder längere Pausen in seiner Kriegführung eintreten zu lassen; so im Winter von 1806 auf 1807 an der Weichsel und Passarge.

Wiewohl Napoleon die Idee der fortgesetzten Basirung in politischer Beziehung und mit Rücksicht auf kommende Zeiten nicht fremd war, so dachte er doch nicht an eine Wiederherstellung Polens; diess muss um so mehr als ein grosser politischer Fehler bezeichnet werden, da er doch von dem Gedanken durchdrungen war, Russland so bald als möglich zum Frieden zu zwingen. Es erscheint daher Smitt's Ansicht wohl gerechtfertigt, wenn er die Annahme, Napoleon habe an der altpolnischen Grenze Halt machen wollen, ganz unbegründet nennt, und wenn er ferner die mit Ostentation in der Armee verbreitete Nachricht: „man werde hier stehen bleiben," nur als ein Manöver bezeichnet, welches einzig darauf berechnet war, zu täuschen.

Nur seine Pläne verhüllen, seine Absichten fördern, sollte dieses Mittel, um dann mit um so grösserer Aussicht auf Erfolg gegen die Russen einen vernichtenden Schlag führen zu können, was ihm bei Smolensk beinahe gelungen wäre.

VIII.
Ueber die Lage der russischen Armee bei Smolensk.

Der grossen Gefahr entgangen, einzeln geschlagen zu werden, hatten die beiden russischen Westarmeen, am 1. und 3. August Smolensk erreicht und dort Verstärkungen und Mittel zu einer reichlichen Verpflegung gefunden. Die lange angestrebte Vereinigung war also endlich zur vollendeten Thatsache geworden.

Betrachten wir die strategische Lage der bei Smolensk concentrirten russischen Armee, so finden wir, dass dieselbe hauptsächlich aus den Beziehungen resultirte, in welchen die Armee zum Raume stand. Bedingt durch die Absicht der Russen, gab es für dieselben sowohl in nordöstlicher, wie in südöstlicher Richtung wichtige Räume.

Gegen Nordosten lag das heilige Moskau, jenes Mekka der Russen, welches sie schon aus nationalen Gründen zu schützen Willens waren; gegen Südosten aber jene strategisch wichtigste Gegend, welche ihnen die meisten Hilfsquellen, sowohl an lebendiger Kraft, als an Mitteln zur Erhaltung des Heeres bot, deren Besitz sich zu erhalten also eigentlich eine Lebensbedingung für die Russen war.

In Smolensk waren sie nun im Stande, gegen die Aufstellung, welche die französische Armee einnahm, beiden Zwecken zu entsprechen; sie konnten diess aber nur solange, als die russische Armee bei Smolensk und das gegenseitige Verhältniss erhalten blieb; denn mit jedem Schritte der Russen, sei es nordostwärts, um auf Moskau zurückzugehen, sei es nordwärts um nach einer unglücklichen Schlacht auszuweichen, und mit jedem Vorgehen der Franzosen südlich von Smolensk verminderten sich die erwähnten günstigen Verhältnisse oder verschwanden sie gänzlich.

Denn der Grundidee des russischen Kriegsplanes, den Krieg in die Länge zu ziehen, konnte dann nicht mehr entsprochen werden, weil die Russen in jedem der angeführten Fälle nothwendigerweise in die höchst ungünstige Lage kamen, sich von ihren Hilfsquellen zu entfernen und Gegenden zu betreten, welche die Bedürfnisse der Armee nicht decken, also den Krieg nicht weiter ernähren konnten.

Nachdem also die Gegend in südöstlicher Richtung, die Südprovinzen Russland's, wegen ihres Reichthumes an allen Hilfsmitteln für den Krieg und für die beabsichtigte Art, ihn zu führen und hinauszuziehen, ohne dass es noch zur Entscheidung komme, von überlegener Bedeutung waren, schien es auch geboten sich von denselben nicht zu trennen; musste Smolensk verlassen werden, so war die Richtung gegen Kaluga jener auf Moskau gewiss vorzuziehen; ja man kann sogar die Behauptung aufstellen, dass durch das Einschlagen der empfohlenen Richtung beide Zwecke, Moskau zu schützen und die Südprovinzen sich zu erhalten, zu verbinden waren; musste doch durch ein Zurückgehen gegen Südosten, also gegen die Südprovinzen, gleichzeitig die Absicht Moskau zu decken, schon desshalb am besten erreicht werden, weil Napoleon zu folgen gezwungen war.

Wir sagen „gezwungen," in der Voraussetzung, dass die russische Armee nach bewirkter Vereinigung ihre Bewegung gegen

Südosten von Smolensk aus antrat. Denn that sie dieses von einem andern, Moskau nahe liegenden Punkte aus, so war es allerdings möglich und wahrscheinlich, dass Napoleon, sein nächstes Object, die russische Armee, für einige Tage aufgebend, sich auf Moskau warf. Er hätte dadurch sein Streben, die Entscheidung des Krieges durch Bekämpfung des russischen Heeres so bald als möglich herbeizuführen, nur momentan aus den Augen verloren; er würde ihm aber für lange, vielleicht sehr lange Zeit untreu geworden sein, wenn er, falls sich die russische Armee schon von Smolensk aus gegen Südosten gezogen hatte, seine Operationen direct und ohne diese zu beachten, nach dem weit entfernten Moskau fortgesetzt hätte.

Und er konnte das sogar nicht wagen; denn nicht die russische Armee wäre durch diese Operation, wie man behaupten will, in eine missliche Flankenlage gekommen, sondern im Gegentheile die französische, deren Verbindungen den Russen vollkommen preisgegeben gewesen wären.

Es ist wahr, die französische Armee hätte auf der Moskauer Strasse, wo die Ortschaften noch nicht ausgesogen waren, mehr Subsistenzmittel gefunden. Wären diese aber zu ihrer Erhaltung genügend, wären sie ausreichend gewesen, um die Armee von ihrer Hülfsbasis zu emancipiren, von der dieselbe schon durch bedeutende Räume getrennt war? Konnte überhaupt in dem fanatisirten Lande auf ergiebige Requisitionen gerechnet werden? Wir glauben, dass diess Alles nicht der Fall war und dass allein schon der täglich grösser werdenden Verpflegsschwierigkeiten wegen das Streben nach baldiger Entscheidung, das vom Anbeginne her der Grundgedanke von Napoleon's Handlungen war, jetzt noch lebhafter ihn beherrschen musste, als damals, wo seine Armee eine kolossale Ueberlegenheit repräsentirte, während die Russen weit von ihren Verstärkungen und, im Gegensatze zu ihrer jetzigen Lage bei Smolensk, getrennt waren. Und wie konnte dieses Streben nach der Entscheidung anders zum Ausdrucke kommen, als dadurch, dass er der russischen Armee folgte, sie zum Stehen zwang und schlug.

So wichtig auch der Besitz Moskau's in politischer Beziehung war, so besass er doch bei Napoleon's Lage nicht jene Anziehungskraft, wie sie der russischen Armee eigen war. Es ist daher nicht zu zweifeln, dass sie bei einem Zuge gegen Osten oder Südosten Napoleon nach sich gezogen hätte.

Wenn nun die Russen, ihren eigenen Vortheil verkennend, diese Richtung doch nicht einschlugen, sondern auf der grossen Strasse über Wjäzma nach Moskau zurückgingen, von wo sie dann erst durch einen Flankenmarsch sich südlich davon versetzten, so geschah diess desshalb, weil sie auf dieser Strasse bereits alle Anstalten getroffen, alle Verstärkungen dahin dirigirt und die Schlachtfelder recognoscirt hatten, und endlich weil auf die fanatische Gesinnung der Bevölkerung, welche ihre Metropole direct gedeckt und dafür gekämpft wissen wollte, Rücksicht genommen werden musste,

Wir haben die Bemerkung gemacht, dass die Lage der vereinten, verstärkten und gut verpflegten Armee der Russen bei Smolensk in Bezug auf ihre Rückzugswege gegen Moskau oder nach der Gegend Kaluga-Orel eine günstige war, haben aber auch beigefügt, dass sie nur so lange günstig blieb, als die französische Armee den Russen frontal in der Gegend zwischen Düna und Dniepr gegenüberstand, dass aber ein Vorgehen der Franzosen von ihrem rechten Flügel aus, also südlich der russischen Aufstellung, die Lage der Russen zu einer ungünstigen gestalten musste; denn die Moskauer Strasse, die Etapenstrasse der Russen, setzt östlich von Smolensk bei Solowjewo *) auf das rechte Dniepr-Ufer über; es konnte also bei einem Angriffe aus der südlichen Richtung, wobei zugleich die Rückzugslinie der Russen in die Verlängerung ihres linken Flügels fiel, durch Wegnahme des Uebergangspunktes die russische Armee von Moskau ab gegen Norden gedrängt werden, abgesehen davon, dass dadurch a priori die Verbindung mit dem Süden und den dortigen Kriegsmitteln zu unterbrechen war.

In dieser Lage befand sich die russische Armee, 120.000 Mann stark; ihr gegenüber in einer weitläufigen Aufstellung von Surash bis Mohilew und in einer Stärke von etwa 183.000 Mann die Armee Napoleon's.

Diese strategische Situation, der Umstand, dass man vereint war und Verstärkungen erhalten hatte, während die Armee Napoleon's auf einer Front von 20 Meilen zerstreut stand; das Missvergnügen in der Armee über das fortwährende Retiriren, und das kampflustige Drängen im russischen Hauptquartier, diess Alles liess

---

*) Eine zweite Strasse, jene von Smolensk über Duchowschtschina, setzt bei Dorogobusch auf das linke Ufer des Dniepr über, wodurch für den vorliegenden concreten Fall die strategische Wichtigkeit der zwei genannten Uebergangspunkte hervortritt.

den Entschluss zur Offensive, entgegen der besseren Ueberzeugung Barclay's, zur Reife gedeihen.

Es entsteht nun die Frage:

Waren die Russen auch dazu berechtigt?

Bei den vom Beginne des Krieges an getrennten russischen Armeen musste selbstverständlich, so lange die Trennung anhielt, jeder Gedanke an einen entscheidenden Kampf unbeachtet bleiben und durfte erst dann in den Vordergrund treten, wenn die Vereinigung stattgefunden und wenn man aus dem Raume so viel Nutzen gezogen hatte, um mit Vortheil kämpfen zu können.

Bei Smolensk waren nun die Russen allerdings vereint, allein die sonstigen Bedingungen waren noch nicht erfüllt. Es wurde mit Absicht die Forderung betont, dass die Russen erst dann kämpfen durften, wenn es mit Vortheil geschehen konnte; es war diess nicht nur in ihrer Lage begründet, sondern auch als Princip in ihrem allgemeinen Kriegsplane aufgestellt.

Man hatte, die Ueberlegenheit der Zahl und des feindlichen Feldherrn würdigend, als Grundsatz anerkannt, dass man den Raum als Bundesgenossen betrachtend, die Entscheidung hinausschieben müsse, um Zeit zu gewinnen, sich selbst zu stärken, den Feind aber zu schwächen, und dass man selbst dann, wenn die beiderseitigen Kräfte in's Gleichgewicht gelangt waren, nur in einer strategisch und taktisch günstigen Lage kämpfen dürfe: denn von der Erhaltung der Armee hänge das Schicksal des Landes ab und ohne volle Wahrscheinlichkeit des Sieges sei daher die Entscheidungsschlacht überhaupt nicht zu wagen.

Wenn man nun consequent war und die Verhältnisse richtig erwog, musste man sich sagen, dass der Augenblick der Entscheidung noch lange nicht gekommen, der Raum als Bundesgenosse noch lange nicht ausgenützt, dass der Gegner noch immer bedeutend überlegen war und dass bei dieser Ueberlegenheit und dem Feldherrntalente Napoleon's die Entscheidung nur nachtheilig ausfallen konnte,

Auf die zweite Bedingung: strategisch und taktisch günstige Verhältnisse, übergehend, müssen wir bemerken, dass dieselben bei Smolensk nicht vorhanden, nicht zu erwarten waren.

Der Mangel an strategisch günstigen Bedingungen resultirt aus den bereits besprochenen Beziehungen der russischen Aufstellung bei Smolensk zu den möglichen Rückzugsrichtungen. Da die Moskauer Strasse nämlich, welche zugleich die Etapenstrasse der

Russen war, bei Solowjewo, östlich von Smolensk, vom rechten auf das linke Dniepr-Ufer überging, so musste ein von Süden her erfolgender Angriff für die Russen eine höchst bedenkliche Situation schaffen, indem dadurch die Gefahr nahe trat, die Rückzugsstrasse vom Feinde unterbrochen und mit Macht besetzt zu sehen, in Folge dessen die Verbindung mit Moskau und dem wichtigen Süden zu verlieren und nach Norden gedrängt zu werden, was für die Russen einer Katastrophe gleich kam.

Und das war eine Möglichkeit, mit der gar sehr gerechnet werden musste, da die Aufstellung der Franzosen derart war, dass sie aus ihr ohne grossen Zeitverlust jederzeit mit namhafter Kraft südlich des Dniepr vordringen konnten. Diese Verhältnisse bezeichneten die Gegend östlich von Smolensk als den Schlüssel der russischen Aufstellung.

Smolensk war der wichtigste Punkt, wo noch die Sicherheit gewahrt blieb; mit jedem Schritte in westlicher Richtung entfernten sich die Russen immer mehr von der bezeichneten Gegend und stellten zugleich auch die „Sicherheit" mehr in Frage, ohne damit besondere Aussicht auf entscheidende Erfolge zu erlangen.

Was nun die taktischen Verhältnisse betrifft, so genügt die Betrachtung der beiderseitigen Kraft, um die Ungunst der Umstände darzuthun.

Der russische Offensivplan stützte sich auf die Meinung, dass zwischen Düna und Dniepr nur etwa 75.000 Mann Franzosen ständen, dass Davoust noch zwischen Orzsa und Mohilew, das 8. und 5. Corps aber sich noch weiter südlich gegen Mozyr befänden.

Gegen jene 75.000 Mann, welche auf einem Raume von 15 Meilen Breite und 10 Meilen Tiefe zerstreut gedacht waren, glaubte man mit den 120.000 Mann, die man beisammen hatte, auf die feindliche Mitte losgehend, des Sieges gewiss, wie günstiger eigener Rückzugsverhältnisse sicher zu sein, also in jeder Beziehung vortheilhafte Kampfbedingungen sich schaffen zu können.

Diese Annahme war nun eine irrige, weil sie auf fehlerhafte Voraussetzungen basirt war; denn bekanntlich stand in dem Raume zwischen Düna und Dniepr, mit Ausnahme Poniatowsky's, die ganze französische Armee, die nach der Ausdehnung des Raumes in zweimal 24 Stunden in ihrer Gesammtheit concentrirt sein konnte.

Die Russen konnten unter solchen Umständen taktisch günstige Verhältnisse nicht hoffen, da der Gegner namhaft überlegen und rasch zu vereinigen war, was sie ungeachtet ihrer zahlreichen leichten

Reiterei nicht wussten. Wäre aber selbst das Kräfteverhältniss für die Russen günstiger gewesen, so musste von ihnen doch jedenfalls auf die Empfindlichkeit ihres linken Flügels und ihrer Rückzugsverhältnisse Rücksicht genommen werden.

Wenn nämlich die Russen aufbrachen, um die französischen Cantonnements anzugreifen, so mussten sie jede Richtung vermeiden, die sie vom Dniepr trennen konnte, weil sie sonst von dem zur Fortführung des Krieges wichtigsten Raume abgedrängt werden und trotzdem, nach ihrer Voraussetzung, nur einen partiellen Erfolg über ein einzelnes französisches Corps, nicht aber einen Sieg über den ganzen überlegenen und kriegsgeschulten Gegner zu erlangen hoffen konnten.

Es war daher der Stoss gegen den rechten Flügel, aber nicht gegen das Centrum der Franzosen zu führen.

Jede Bewegung nordwärts war ein Entgegenkommen für die strategische Idee der Franzosen; die Aufstellung Neweroffskoj's bei Krasnoj und der eilige Rückmarsch auf Smolensk beweisen, dass die Wichtigkeit der Gegend südlich und östlich von Smolensk von den Russen wohl gefühlt wurde; das Schwanken, die Unsicherheit, die sich in den russischen Bewegungen vom 7. bis 15. August äussert, beweist nicht minder, dass Barclay die Gefahr fühlte, in die er sich, getrieben von patriotischer Verblendung, durch seinen Entschluss begab, ein Entschluss, der zur verderblichen That werden konnte, wenn nicht Neweroffskoj auf so treffliche Weise die Franzosen aufgehalten hätte.

IX.
Ueber Napoleon's Angriff auf Smolensk vom 10.—17. August 1812. Einfache strategische Umgehung.

Bei der Betrachtung dieser Operation Napoleon's, — über welche die Meinungen getheilt sind, — wirft sich vor allem die Frage über den leitenden Hauptgedanken und die Grenzen seiner Biegsamkeit auf.

Wie in früheren Capiteln dargelegt, war für Napoleon, der allgemeinen Situation entsprechend, der Gedanke schneller Entscheidung der leitende und dieser musste alle seine Massregeln durchdringen.

Dieser Gedanke, von Beginn an herrschend, bestand auch bei Smolensk, ungeachtet der veränderten strategischen Situation, noch in voller Kraft und war auch jetzt noch vollkommen berechtigt, da in gewisser Beziehung das Vereintsein der Russen seiner Verwirklichung nur förderlich sein konnte, wenn es gelang, unter günstigen strategischen Verhältnissen einen vernichtenden Schlag gegen ihre Gesammtheit zu führen.

Bis Smolensk waren die, übrigens auch jetzt noch in der Minderzahl befindlichen Russen, durch fortwährendes Ausweichen der Entscheidung entgangen.

Bei Smolensk vereint und verstärkt, hatten sie Halt gemacht; es war daher ganz berechtigt, wenn Napoleon die Hoffnung hegte, der Feind werde in seiner rückläufigen Bewegung vorerst innehalten und ihm dadurch Gelegenheit geben, unter vortheilhaften Umständen zum Kampfe zu gelangen.

Besteht nun der Gedanke an eine rasche Entscheidung, so wird der Angreifer auch darauf bedacht sein müssen, den beabsichtigten Schlag in einer Weise zu führen, welcher geeignet ist, dem Kriege ein rasches Ende zu bereiten.

Stets hat der Anzugreifende in grösserer oder geringerer Entfernung hinter sich gewisse Räume, die ihm wichtig sind und in natürlicher Consequenz auch gewisse Verbindungen mit diesen, die er sich erhalten will, da deren Verlust ihm empfindlichen Nachtheil verursachen würde. Der Angreifer muss daher trachten, diese Verbindungen zu unterbrechen und den Feind von der ihm wichtigen Gegend abzudrängen.

Wir haben an früherer Stelle die Rückzugsverhältnisse der bei Smolensk stehenden Russen besprochen und den ihnen höchst nachtheiligen Umstand betont, dass die Strasse nach Moskau bei Solowjewo auf das linke Dniepr-Ufer übertritt.

Da hiedurch der Rückzug der Russen schon an und für sich zu einem exponirten wurde, so musste im concreten Falle noch mehr, als in allen ähnlichen Fällen, wo der Gegner concentrirt steht und durch seine Aufstellung die hinter ihm abgehenden Verbindungen direct deckt, das Umgehen eines Flügels der Russen dem Frontalangriffe vorzuziehen sein, weil ein Stoss gegen die Front dieselben einfach auf ihre Verbindungen zurückgedrückt haben würde, während ein Druck gegen einen Flügel letztere zu unterbrechen vermochte.

Diese Erwägungen mögen Napoleon zu dem Entschlusse veranlasst haben, den linken Flügel der Russen, welcher der empfindliche war, in dem Terrain südlich und östlich von Smolensk zu umgehen.

Die Lage war im Allgemeinen Napoleon günstig; die Gegner standen vereint in einer Weise, dass sie durch die erwähnte Operation von ihren Hilfsquellen getrennt und gegen Norden geworfen werden konnten. Gelang es dabei auch nicht, die Russen zu vernichten, so konnte doch dadurch mindestens eine kürzere Dauer des Krieges erreicht werden, indem die nördliche Gegend den Russen die Elemente zur längeren Fortführung des Krieges nicht bot, wie diess im Gegensatze dazu in der südlichen und südöstlichen der Fall war.

Wenn nun zwar Napoleon bei einer derartigen Operation den Dniepr zwischen sich und den Gegner brachte, somit sich mindestens in der ersten Phase der Umgehung keine besonders günstigen Kampfbedingungen schuf, so ist doch andererseits zu bedenken, dass der Dniepr hier noch wenig bedeutend ist, manche Furten hat, und die Rückzugsstrasse der Russen östlich Smolensk wieder auf das linke Ufer des Flusses trat.

Der Angriff Napoleon's, in seiner Grundidee, ging auf Erwerb dieser Strasse und Trennung der Russen von dem Süden aus, was aber nicht den Besitz von Smolensk bedingte, weil dieses westlich jener das Ufer wechselnden Strassenstrecke liegt.

Die Ursache, warum Smolensk Napoleon anzog, bestand darin, dass er ohne Hinderniss zu dieser auf dem linken Ufer des Dniepr gelegenen Stadt gelangen konnte, und er gehofft haben mochte, die Russen würden zum Schutze dieser Stadt, welche in Russland als heilig gilt und von der es sprichwörtlich heisst: „wer Smolensk hat, ist Herr von Moskau," eine Schlacht wagen.

Nahmen sie diese aber an, was nur auf dem linken Dniepr-Ufer geschehen konnte, so geriethen sie in die nachtheiligste Lage; denn ohne Ausweg nach Süden, da dann auf Solowjewo nicht mehr zu rechnen war, hätten sie mit dem Flusse im Rücken kämpfen müssen und konnten daher hier am leichtesten in eine Katastrophe gebracht werden.

Wenn man dagegen die von manchen Autoren befürwortete Angriffsrichtung auf dem rechten Dniepr-Ufer in Betracht zieht, so wird man erkennen müssen, dass derartige grosse Erfolge dort nicht zu erreichen waren.

Sie hätte zwar den Vortheil gehabt, dass man in der Gegend von Smolensk keinen Flussübergang mehr vor sich hatte; allein die Bewegung konnte leichter bemerkt werden, was die Gegenmassregeln der Russen begünstigen musste, und ging in der Hauptsache gegen die Front des Feindes, während die Richtung auf dem linken Ufer die Flanke des Feindes traf, somit die strategisch bessere war.

Um ferner auch gegen die Verbindungen wirken zu können, wäre eine Detachirung auf das linke Ufer und damit eine Theilung nöthig geworden, was die Kampfbedingungen verschlimmerte. Die Angriffsrichtung auf dem rechten Ufer war allerdings die leichtere, jene auf dem linken dagegen unbedingt die wichtigere, diejenige, welche den meisten Erfolg versprach.

Die Tadler Napoleon's, unter welchen auch Clausewitz, gehen von der irrigen Ansicht aus, als sei es ihm einzig um den Besitz Smolensk's zu thun gewesen, muthen also Napoleon zu, er habe dem geografischen Elemente eine übergrosse Bedeutung beigelegt. Bei solcher Voraussetzung haben sie nun allerdings Recht, weil er durch ein directes Vorgehen bei seiner Ueberlegenheit Barclay ohneweiters aus der Gegend von Smolensk vertrieben hätte; allein es ist doch etwas stark, eine solche Idee einem Feldherrn, wie Napoleon, zu imputiren; er ging von dem viel höheren Gedanken aus, dem Kriege mit einem Schlage ein Ende zu machen oder ihn doch mindestens in der Dauer zu kürzen, indem er die Russen nordwärts warf; diess war aber nur durch eine Umgehung ihrer linken Flanke zu erreichen.

Im Laufe dieser Betrachtungen wurde öfters bemerkt, dass es Napoleon immer darum zu thun war, einen Druck gegen Norden auszuüben; und mit vollem Rechte strebte er danach; war ja doch die russische Absicht, den Krieg in die Länge zu ziehen, sichtbar genug, und so hätte er bezüglich der Richtung ja nur ihren Wünschen entsprochen, wenn er sie gegen Moskau oder in die südlichen Provinzen drängte, mit gänzlicher Missachtung der alten, sehr naturgemässen Regel, dass man nie dasjenige thun solle, was der Gegner wünscht. Uebrigens konnte Napoleon nach den Antecedentien auch vermuthen, dass ihm die Russen wieder ausweichen würden, was sie zu thun vermochten, wenn er sie von vorne packte, was ihnen aber unmöglich wurde, wenn er es von hinten that.

Wenn nun Chambrai behauptet, Napoleon hätte von Witebsk auf Smolensk marschiren sollen, was soviel bedeutet, als die Russen dahin drücken, wohin sie gerade gehen mussten, um die Mittel zur Fortführung des Krieges zu finden, so fehlt einer derartigen Behauptung jede vernünftige Begründung.

Von der Beurtheilung der Idee zu jener der That übergehend, müssen wir, in Würdigung der Lage, vor allem die für die erfolgreiche Durchführung der Operation unerlässlichen Bedingungen präcisiren.

Die Operation konnte nur dann gelingen, wenn Napoleon, ohne sich selbst von den Bewegungen der Russen beeinflussen zu lassen, mit grösster Schnelligkeit handelte und zugleich den Gegner vollständig täuschte; denn nur dann war es möglich, Smolensk und die Gegend östlich davon, vom linken Ufer aus eher zu erreichen, als die Russen diess abzuwehren vermochten.

Am 10. August begann die Bewegung; am 16. früh wurde vor Smolensk von dem grössten Theile des Heeres der Kampf begonnen, was für die entfernteren Heerestheile, wie die Garde und das IV. Corps (war am 16. in Kutkowa), Tagesleistungen von mehr als 3 Meilen, ohne Unterbrechung, ausmacht.

Die Herstellung mehrerer Brücken an verschiedenen Punkten. (bei Chomino, Rossasna und Dubrovna) sollte dazu förderlich sein. indem sie den Franzosen gestattete, mit mehreren Colonnenspitzen zu gleicher Zeit den Fluss zu überschreiten

Was die nothwendige und beabsichtigte Täuschung des Gegners anbelangt, so lag ein solches Moment schon in der Aufstellung der Franzosen, indem die Vertheilung ihrer Kräfte und das Verhalten derselben bei gleichzeitiger Sicherung der Front, die Russen um ihre rechte Flanke besorgt machen, zugleich aber die Möglichkeit zur raschen Führung eines entscheidenden Schlages wahren sollte.

Napoleon liess nämlich seine Abtheilungen links ziehen, dabei jedoch dasjenige auffallend sehen, was er durch die Russen gesehen haben wollte.

So liess er den Vicekönig nach Wielish und Porjetsche vorpoussiren und zog drei Divisionen Davoust's näher an Witebsk heran, und zwar mit viel Ostentation, während zur selben Zeit Davoust, Junot und Poniatowsky ebenfalls näher nach Dubrowna, Orzsa und Mohilew heranrückten, sich jedoch ruhig verhalten mussten, um die Aufmerksamkeit der Russen nicht auf sich zu ziehen.

So finden wir die französischen Heeresmassen in einer Aufstellung, welche für die Russen den Gedanken, einen Durchbruch zu versuchen, nicht nur nicht ausschloss, sondern sie sogar gewissermassen dazu aufforderte, wodurch dieselben vielleicht verleitet wurden, sich zum Angriffe von Smolensk in westlicher Richtung zu entfernen; welche dabei aber immer die Möglichkeit wahrte, durch eine rasche Concentrirung, entweder dem versuchten Angriffe mit einem überlegenen Gegenangriffe zu begegnen oder zur raschen Durchführung der Umgehungsidee zu schreiten.

Die Bewegung der nördlich des Dniepr stehenden Corps selbstwusste Napoleon durch den Wald von Babinowiczi so geschickt zu decken, dass die Russen trotz ihrer zahlreichen leichten Reiterei davon nichts erfuhren und erst durch die Meldungen Neweroffskoj's zur Kenntniss gelangten, welche Gefahr ihnen drohe; und dass diese Gefahr auch wirklich eine ernste war, beweist die Hast, mit der Alles nach Smolensk zurückeilte, und die Hartnäckigkeit, mit der um Smolensk gekämpft wurde, nur um sich den Abzug zu sichern.

Für die eigene Sicherheit und den Nachschub sorgte Napoleon, indem er vor Beginn der Umgehung seine Operationslinie Wilna-Glubokoje-Witebsk mit jener Wilna-Minsk-Borissow-Orzsa, deren Einrichtung er befahl, wechselte.

Die Anordnung der französischen Streitkräfte am Dniepr und an der Düna verfehlte ihre Wirkung nicht, indem sie bekanntlich das Hauptmotiv für die russische Offensive war. Man kann aber desshalb doch nicht sagen, dass die Idee zur Umgehung erst durch jene wachgerufen wurde; sie bestand im Gegentheile schon vorher und veranlasste eben die besprochene Aufstellung.

Die russische, von Napoleon vielleicht gehoffte Offensive vermehrte dadurch, dass sie Smolensk entblösste, nur die Gunst der Umstände für den französischen Angriff.

Die hier besprochene Umgehungs-Operation war von Napoleon in jeder Beziehung genial gedacht und mustergiltig angelegt. Er trug den Grundbedingungen jeder Operation: Einfachheit, Sicherheit und Entschiedenheit, volle Rechnung, indem er seine Corps auf der Operationsfront so vertheilte, dass ein rasches Zusammenziehen derselben, sei es im Centrum oder auf dem rechten Flügel, durch einfache Bewegungen möglich war; indem er ferner die Einrichtung einer neuen Operationslinie verfügte und sich durch die russische Offensive nicht beirren liess; er berücksichtigte aber nicht minder die von der theoretischen Lehre über das einfache Umgehen aufgestellten Bedingungen, welche verlangen, dass der Angriff möglichst überraschend erfolgen solle, weil der Erfolg um so grösser sein wird, je weniger Zeit der Gegner zu Gegenmassregeln übrig hat.

Der erste Factor der Ueberraschung besteht darin, dass man den Gegner täuscht, dass man die eigene Absicht dadurch verbirgt, indem man durch verschiedene Mittel auf den Geist des Gegners in einer Weise zu wirken sucht, damit er eben dasjenige glaube, was man ihm glauben machen will.

Das erste Moment der Täuschung lag in der strategischen Aufstellung der französischen Armee; die fernere Täuschung sollten das Linksziehen einiger Abtheilungen vom Dniepr weg und die Demonstrationen des Vicekönigs gegen den rechten Flügel der Russen bewirken.

Wenn man demonstrirt, so geschieht es in dem Streben nach vortheilhaften Kampfbedingungen in doppelter Absicht; man will nämlich nicht allein dem Gegner dasjenige verbergen, was man vorhat, sondern auch denselben an der gewählten Angriffsstelle schwächen, indem man seine Aufmerksamkeit anderswohin lenkt und seine Kräfte möglichst weit abzieht. Napoleon demonstrirte denn auch in der That im Sinne der einfachen Umgehung gegen den entgegengesetzten Flügel.

Die Täuschung des Gegners, das Verbergen der Absicht, wird aber in der Regel nur eine Zeit lang währen können, wesshalb der zweite Faktor: „Raschheit der Bewegung," nöthig wird, um zum gewünschten Ziele zu gelangen. In den Bewegungen die zur Schlacht von Smolensk führten, sieht man, wie bereits bemerkt, auch diese Forderung vollständig berücksichtigt.

Trotz alledem misslang diese Operation und machte damit die Hoffnung auf eine schnelle Entscheidung schwinden.

So mustergiltig nämlich auch die Idee und erste Durchführung war, so müssen wir doch einen Fehler Napoleon's erkennen, ohne welchen das Resultat, ungeachtet die Russen ihren Irrthum und ihre Lage zu verbessern bestrebt waren, noch immer ein glänzendes werden konnte.

Wir haben früher gesagt, dass der Schlüssel der Situation in der Gegend östlich von Smolensk lag,

Wäre Napoleon, statt den Kampf um Smolensk, als ihm die Ueberraschung der Russen einmal misslungen war, mit solcher Hartnäckigkeit bis zu Ende zu führen, mit dem grössten Theile seines Heeres östlich davon durch den seichten Dniepr gegangen, hätte er danach gestrebt, sich des Ueberganges bei Solowjewo und des Punktes Dorogobusch, wo die Strasse über Duchowschtschina auftrifft, zu bemächtigen — denn das Recht zu einer so weitgreifenden Umgehung besass er in seiner Ueberlegenheit — so hätte er jenes Ziel, welches er sich gesteckt, vielleicht vollständig erreicht, jedenfalls aber den Rückzug der Russen zu einem verderblichen gestaltet.

Ein Grund für sein Benehmen mag vielleicht die Hoffnung gewesen sein, die Russen zur Hauptschlacht vor Smolensk auf dem linken Ufer des Dniepr zu veranlassen; hoffte er das wirklich, so basirte er, was ganz unzulässig ist, seinen Plan auf einen Fehler, den Barclay möglicherweise begehen konnte, aber wahrscheinlich nicht begehen würde, denn ein grosser Fehler wäre es von diesem jedenfalls gewesen, sich in solcher Lage schlagen zu wollen.

Als Entschuldigung für Napoleon könnte man anführen, dass vielleicht die Unbekanntschaft mit der Gegend und der Mangel an Karten ihn hinderten, über die Wichtigkeit der genannten Punkte östlich von Smolensk und die nachtheilige Lage der russischen Armee klar zu sehen.

X.
Strategische Betrachtungen über die Schlacht von Borodino.

Das System des methodischen Rückzuges, bei den Russen zwar als Idee von Anbeginn bestehend, aber in der That von ihnen erst dann angenommen, als die Macht der Verhältnisse sie factisch theilweise dazu gezwungen hatte, veränderte durch die ihm innewohnenden Eigenschaften und die ihm anhaftenden Mittel allmälig das Kraftverhältniss der kämpfenden Gegner. Im Beginne des Krieges war die Ueberlegenheit der Franzosen eine so gewaltige, so erdrückende, dass die Russen, selbst wenn sie vereint, doch nicht berechtigt gewesen wären, den Entscheidungskampf zu suchen; denn die unverhältnissmässige Ueberlegenheit gab Napoleon das Mittel an die Hand, diesem Kampfe die günstigste strategische Unterlage zu geben.

Wenn auch bei Smolensk, als die Operationslinie der Franzosen bereits eine Länge von 70 Meilen erreicht hatte, in Folge dessen und in Folge der starken Friction, welche die französische Armee so bedeutend geschwächt hatte, das Stärkeverhältniss für die Russen schon ein erheblich günstigeres geworden war, so wären sie dennoch, selbst wenn wir von der früher besprochenen strategischen Situation und der Absicht der Russen, den Krieg in die Länge zu ziehen, ganz absehen wollen, auch dort schon aus dem Grunde gar nicht in der Lage gewesen, die Entscheidungsschlacht kämpfen zu können, weil sie bezüglich der Kraft gegenüber den Franzosen noch immer im Verhältniss wie 2 : 3 standen, und weil Napoleon in dieser seiner Uebermacht und in Anbetracht der Chancen, welche ihm die ungünstigen Rückzugsverhältnisse der Russen boten, noch immer die Mittel zu vortheilhaften, grosse Erfolge versprechenden strategischen Combinationen besass.

Mit jedem Schritte östlich von Smolensk besserte sich das Kraftverhältniss zu Gunsten der Russen; die Nothwendigkeit, sich auf einer einzigen Operationslinie zu bewegen, machte für Napoleon besondere strategische Entwürfe unthunlich; dabei wurden seine Flanken immer empfindlicher, der Nachschub und die Sicherung der Operationslinie immer schwieriger und schwächender.

Die Verluste der Russen beschränkten sich auf jene, die sie im Gefechte erlitten; bei den Franzosen gesellte sich zu diesen als zerstörendes Element auch noch der Mangel und die Erschöpfung; während bei den Russen die Verluste schnell und leicht ersetzt wurden, geschah diess bei den Franzosen gar nicht.

Es ist also begreiflich, dass für die Russen der Gedanke an die Entscheidung immer deutlicher aus dem Nebel hervortrat, je weiter sie nach dem Innern des Reiches wichen, und dass derselbe durch das Aufnehmen von Verstärkungen stets neue Nahrung fand. Der Defensivplan der Russen enthielt bekanntlich den richtigen Grundgedanken, die Entscheidung nicht eher zu versuchen, als bis sie günstige Chancen dafür erlangt haben würden; diese waren aber erst dann und auch nur theilweise erreicht, wenn sie es durch weises Abwarten dahin gebracht hatten, dem Gegner numerisch überlegen zu sein, um durch das Uebergewicht ihrer Masse das überwiegende Talent des feindlichen Feldherrn zu paralysiren.

Ein solches Verhältniss war nun vor Moskau bei weitem noch nicht eingetreten und daher der günstige Ausgang eines eventuellen Kampfes in keiner Weise auch nur halbwegs verbürgt; sie hätten also, dem Grundgedanken ihres Kriegsplanes entsprechend, die Entscheidung noch immer vermeiden und der Zeit es überlassen sollen, für sie zu wirken; allein die Russen hatten noch mit einem anderen gewichtigen Factor zu rechnen, der sich absolut nicht abweisen liess, nämlich mit der öffentlichen Meinung, welche gebieterisch verlangte, man solle Moskau schützen; und diess war nur durch eine Schlacht zu erreichen.

Das Berücksichtigen dieses Postulats hatte es schon verschuldet, dass die russische Armee von Smolensk aus, nicht, wie es dem grossen Zwecke conform gewesen wäre, in südöstlicher Richtung zurückging, sondern jene nach Nordosten einschlug; in dieser war aber Moskau so ziemlich der Endpunkt für einen Rückzug; darüber hinaus war nichts zu suchen, nichts zu finden, weder gegen Wladimir, noch gegen Riäzan.

Kann auch der Entschluss des russischen Feldherrn, bei Borodino den Entscheidungskampf zu wagen, im strategischen Sinne nicht als berechtigt erkannt werden, so war er am Ende, aus den eben erläuterten Gründen, doch erklärlich, und er wird es noch mehr, wenn man den weiteren Ursachen nachforscht, welche Kutusow beistimmend beeinflussten.

Die Russen waren in den vorhergegangenen Gefechten sich ihrer Kraft bewusst geworden; ihre Truppen hatten sich mit Bravour geschlagen, und sie durften annehmen, dass die Stärke des Gegners bereits beträchtlich reducirt sei.

Konnte die Erwägung dieser Thatsachen schon ein bedeutendes Gewicht in die Wagschale des Entschlusses zu Gunsten des Kampfes werfen, so geschah diess in noch viel höherem Masse durch die sehr wesentliche Erkenntniss, dass eine Schlacht vor Moskau, jedoch nicht zu ferne davon, eben kein allzu grosses Wagniss sei; denn weil vorauszusehen war, dass in Moskau der französische Angriff culminiren werde, war auch keine kräftige Verfolgung darüber hinaus zu befürchten, wenn der Kampf ungünstig ausfiel, und hieraus ergab sich die sehr berechtigte Annahme, die Folgen einer etwaigen Niederlage auf ein bescheidenes Mass beschränken zu können.

Je näher an Moskau der Kampf nun stattfand, desto günstiger waren selbstverständlich in dieser Beziehung die Umstände.

Wenn nun der Wille der Regierung, des Volkes und der Armee forderten, dass vor Moskau zu dessen Schutze eine Schlacht geliefert werde, so musste diess naturgemäss dort geschehen, wo die Russen die grösste Kraft zu vereinigen, den Sieg also um so gewisser an ihre Fahnen zu fesseln vermochten.

Der Ort für den Kampf war daher in jener Gegend zu suchen, wo Verstärkungen zur Armee stossen und ihr Zuwachs an lebendiger Kraft bringen konnten, und wo zugleich die Verhältnisse des Bodens an und für sich günstig genug waren, um vortheilhafte Gefechts-Combinationen zu gestatten oder doch leicht durch Anwendung künstlicher Mittel zu so günstigen gemacht werden konnten.

Die Ortsfrage fand in erster Beziehung ihre Lösung durch das Eintreffen der letzten Verstärkung vor Moskau, 15.000 Mann unter Miloradovitsch; in Beziehung zur zweiten Bedingung ist zu bemerken, dass in diesem Theile Russland's überhaupt keine besonders vortheilhaften Stellungen zu finden sind und das Terrain bei Borodino zwar nur eine ganz mittelmässige Stellung bot, die aber nicht schlechter und nicht besser war, als alle jene, welche sich früher oder später fanden oder gefunden hätten.

Da nun durchaus geschlagen werden sollte, wiewohl das, wie wir dargelegt, bei der noch immer vorhandenen Ueberlegenheit der französischen Armee weder zweckmässig noch berechtigt war und die Kraft der Russen viel besser bis zum Beginne des Winters erhalten geblieben wäre, — so war die Gegend von Borodino jedenfalls noch diejenige, wo sich beide für die Wahl des Ortes aufgestellten Bedingungen, vom Kraftzuwachs und von der günstigen localen Beschaffenheit, noch am besten erfüllten, wenn auch letztere nur in ganz geringem Masse.

So fand also, von den Russen gesucht, die Schlacht von Borodino statt; wie wenig Recht sie in Erwägung der strategischen Verhältnisse dazu hatten, haben wir durch Besprechung der für jede kriegerische Action massgebenden Factoren: Raum, Zeit und Kraft des Näheren erörtert; nur in Bezug auf letztere wollen wir noch einige Ziffern anführen, die ganz darnach geartet sind, das früher Gesagte zu bekräftigen.

Die Russen zählten bei Borodino 129.600 Mann, worunter 7000 Kosaken und 10.000 Mann Milizen, welch' letztere, da sie grösstentheils nur mit Piken bewaffnet waren, zum polizeilichen Dienste hinter der Armee und zur Rückschaffung der Verwundeten gebraucht wurden. Ihnen gegenüber kämpften 133.700 kriegsgeübte, in hundert Schlachten erprobte Soldaten des französischen Heeres.

Die russische Armee stand unter dem Befehle Kutusow's, eines sehr mittelmässigen Generals, der es trotz der für seine Schaaren ungünstigen Verhältnisse wagen wollte, mit Napoleon, dem grossen Beherrscher der Schlachten, um die Palme des Sieges zu ringen. Dass der Ausgang eines solchen, in jeder Beziehung ungleichen Kampfes nicht zweifelhaft sein konnte, — bedarf es da noch mehr der Worte?

Hofften jedoch die Russen, durch die Vortheile des Bodens das ihnen nachtheilige Kraftverhältniss zu verbessern, — so muss diese Ansicht als eine unmotivirte bezeichnet werden.

Die Stellung bei Borodino war keine dem Begriffe „Stellung" entsprechende, mithin keine solche, die es gestattet hätte, durch die natürliche Stärke einzelner Theile, diese ganz schwach besetzt zu halten, dafür aber an anderen Theilen mit um so stärkeren Massen activ zu werden.

Es war eine Aufstellung, die, weil überall gleich schwach, zu einer gleichen Vertheilung der Truppen veranlasste, und darin liegt eben der Nachtheil des Kampfes einer bedeutenden Heeresmacht in einer Stellung. Denn was bei schwachen Armeetheilen kein Uebel in sich birgt, weil das Zusammenziehen der Theile an den bedrohten Punkten rasch geschehen kann, gestaltet sich bei einer Stellung von bedeutender Ausdehnung zu einem empfindlichen Nachtheil, wenn der Angreifer die ganze Wucht seines Stosses gegen einen Theil der feindlichen Front, wo immer nur thunlich gegen den Flügel oder die Flanke richtet, das Uebrige hingegen nur hinhält oder nach Umständen ganz unberücksichtigt lässt.

Das Benehmen Napoleon's bei Borodino trägt den Charakter einer, in seiner Lage allerdings begreiflichen Vorsicht; der Kampf wurde dadurch zu einem frontalen Müderingen der Kräfte.

XI.

Ueber den Einfluss Moskau's im Jahre 1812, und die Verhältnisse, in denen die französische und russische Armee sich befanden, als sie Moskau erreichten.

Moskau, die Hauptstadt des gleichnamigen Gouvernements und zweite Hauptstadt des Reiches, liegt im Mittelpunkte eines ungeheuer ausgedehnten, von der sarmatischen Tiefebene erfüllten, natürlich begrenzten Raumes.

Die Betrachtung der durch die geografischen Verhältnisse überhaupt, insbesondere aber durch den Lauf der Flüsse, diese ersten Vermittler des menschlichen Verkehrs, bedingten Entwicklung des Handels und seiner Wege, macht die naturgemässe Nothwendigkeit klar, dass eben in jenem Raume, innerhalb dessen Moskau liegt, eine bedeutende Stadt entstehen musste.

Die centrale Lage dieser Stadt war besonders zu einer Zeit von Belang, als Eisenbahnen und Telegrafen, und mit ihnen die Mittel zur Beschleunigung der Bewegung und Gedanken-Vermittlung noch ganz fehlten; denn gerade dieser Umstand setzte diese Stadt in ziemlich gleiche Beziehungen zu allen jenen Punkten der Peripherie des weiten Reiches, wo dieses bedroht werden konnte.

Zudem hatte Moskau, als die ehemalige Hauptstadt des alten Russland's, und als der Kern des Stockrussenthums, bei dem entwickelten Nationalbewusstsein dieses Volkes eine nicht geringe politische, zugleich aber auch durch seine Grösse und seinen Reichthum an Ressourcen, den die Stadt selbst sowie die benachbarte und besonders die gegen Süden sich erstreckende fruchtbare Gegend einer Armee zu bieten vermochte, eine sehr hohe militärische Bedeutung.

Der Angreifer wird sich bestreben, den Schwerpunkt der feindlichen Macht, in politischer, militärischer und commercieller Beziehung, auf dem kürzesten Wege zu erreichen; er wird daher eine Richtung einschlagen, die der Bewegung und Erhaltung seines Heeres nicht nur keine Hindernisse bereitet, sondern dieselben fördert, die also den gangbarsten und fruchtbarsten Landstrich durchzieht; und auf diesem relativ besten Wege, wird er das Reich theilend, zu des Gegners Hilfsquellen zu gelangen suchen. Anderseits wird der Vertheidiger von dem Gedanken geleitet sein, seine Hilfsmittel zu schützen.

Diesen Gesichtspunkten entsprach im Jahre 1812 die Operationslinie vom Niemen über Wilna, durch das Thor Altrussland's zwischen Düna und Dniepr hindurch, und bis Smolensk.

Hier war den Russen zum letzten Male die Gelegenheit geboten, die für die Fortsetzung ihrer Operationen erspriesslichste Richtung zu wählen. Wir haben in den früheren Abschnitten gezeigt, welche diess war; wir haben dargethan, dass bei weiterer Fortsetzung ihres Rückzuges in nordöstlicher Richtung, entsprechend ihrem Bestreben auszuweichen, Moskau der äusserste Punkt war, über welchen hinaus weder die Richtung auf Wladimir, noch jene auf Rjäzan die Möglichkeit bot, eine grosse Armee zu erhalten; und wie die anerkannte Nothwendigkeit, den Krieg in die Länge zu ziehen und sich den, nur von Süden, nicht aber von Norden, herankommenden Verstärkungen zu nähern, besonders aber Verpflegsrücksichten dafür sprachen, von Smolensk aus in die Gegend von Kaluga-Tula und südlich davon zurückzugehen, wo alle Bedürfnisse des Heeres für längere Dauer leichtere und sichere Befriedigung finden konnten.

Allein, wie wir gesehen, forderten die politische Meinung und der Wille der Armee selbst, die directe Deckung Moskau's durch eine Schlacht zu versuchen. Durch diesen Entschluss wurde Moskau naturgemäss das Hauptsubject der Vertheidigung und die Russen hatten, in logischer Consequenz, bedeutende Mittel daselbst angehäuft, die Strasse dahin als Etapenlinie eingerichtet, sie mit den erforderlichen Vorräthen versehen und die anrückenden Verstärkungen gegen dieselbe dirigirt.

Hieraus haben wir zuerst Gelegenheit, den mächtigen Einfluss zu erkennen, den Moskau ausübte, indem es in Folge seiner politischen Bedeutung und seiner Ressourcen und obgleich die Russen immer die Möglichkeit vor Augen haben und sich wahren mussten, den Krieg fortzusetzen und sich daher auch jene Mittel zu erhalten, durch welche dieser Zweck erreicht werden konnte, dennoch die Armee von der Operationslinie Smolensk-Kaluga ab und an sich heran zog.

Jener correcte Gedanke, der die Entschlüsse des russischen Feldherrn hätte bestimmen sollen, musste in analoger Weise auch Napoleon's Handlungen leiten; für ihn kam es darauf an, den Russen die Zeit und die Mittel zu nehmen, welche sie befähigten, jene Entscheidung hinauszuschieben, die er gerade zu suchen hatte, und diess konnte in dieser letzten Strecke am besten durch ein Abschneiden des Feindes von seinen Hauptverbindungen bewirkt werden. Einen Weg hiezu bot die Strasse Wiäzma-Malo-Jaroslawetz.

Doch auch für die Franzosen war zu dieser Zeit und für diesen Fall der Einfluss Moskau's ein mächtiger; denn geschwächt, wie die Armee war, konnte sie wohl nicht ihre einzige Rückzugsstrasse verlassen, um auf Malo-Jaroslawetz zu marschiren, weil sie damit dieselbe gegen eine offensive Umkehr der Russen völlig blosgestellt haben würde.

Die Hoffnung mit dem Besitze Moskau's den Frieden zu erlangen, der Napoleon immer nöthiger wurde, war ein so bedeutender Factor, dass er alle anderen Rücksichten in den Hintergrund drängen musste.

Der Versuch der Russen, trotz materieller, moralischer und geistiger Inferiorität, der französichen Armee bei Borodino den Weg nach Moskau zu verlegen, war fehlgeschlagen; mit der Schlacht von Borodino, die recht eigentlich ein von der allgemeinen Stimmung provocirtes und dem russischen Feldherrn octroyirtes, nothwendiges Uebel genannt werden kann, war auch Moskau's Schicksal entschieden, dessen Verlust sie, trotz Allem doch nicht befürchtet zu haben scheinen, da sie sonst nicht in solchen Massen Vorräthe aller Art dort aufgehäuft haben würden.

Bis nach Moskau war das Ausweichen der russischen Armee in östlicher Richtung vorgesehen gewesen, darüber hinaus aber nicht; und als sich nun die Nothwendigkeit ergeben hatte, den Rückzug noch weiter fortzusetzen, entstand natürlicherweise die Frage, welche Richtung nunmehr einzuschlagen sei.

Es kann kaum einem Zweifel unterliegen, dass die südlichen Provinzen weitaus wichtiger waren, als die Gegend östlich von Moskau, indem aus jenen die meisten Zuzüge an Kriegsbedürfnissen und an lebendiger Kraft, mithin an Allem, was die Stärke eines Landes für den Krieg ausmacht, zu erwarten waren.

Das Zurückgehen der Russen auf Rjäzan in den ersten Tagen nach der Räumung Moskau's war aus diesem Grunde völlig ungerechtfertigt. Es versetzte sie, als die bessere Erkenntniss zum Durchbruche gelangt war, in die unangenehme Lage, einen Flankenmarsch machen zu müssen, eine Operation, die fatale Folgen haben konnte, wenn der Feind rasch eingriff, was er leicht konnte.

Mit Beziehung auf diese Verhältnisse bezeichnet das Erreichen von Moskau einen Wendepunkt in den Operationen; denn es zeigte sich factisch, dass der Rückzug der Russen gegen Osten hier sein äusserstes Ende gefunden hatte: waren sie bis dahin noch nicht in die Lage gekommen, nicht allein zu ihrem eigenen Vortheile den Kampf suchen, sondern auch die Entscheidung zu ihren Gunsten erlangen zu können, so musste von Moskau an nun unbedingt ihre Armee sich südwärts wenden, was die grosse Bedeutung dieses Punktes klar macht.

Die hier entwickelten Umstände erhoben aber auch die Wichtigkeit Moskau's für Napoleon zu einer bedeutenden. Hier war der Kulminationspunkt des französischen Angriffes erreicht; denn die bis dahin stattgehabte Schwächung der eigenen Kraft; die sich immer mehrende Empfindlichkeit der Flanken, welche im Rücken der Armee durch Tschitschakoff und Wittgenstein beunruhigend umschlossen wurden; das schon eingetretene Ende der guten Jahreszeit und die begreiflichen Besorgnisse vor dem frühen und rauhen russischen Winter; die ungeheuere Länge der Operationslinie und mit ihr die täglich wachsende Schwierigkeit des Nachschubs und der Ergänzung; die nachtheiligen Rückzugsverhältnisse; endlich das noch immer fortgesetzte Ausweichen der Russen, und zwar diessmal nach einer Gegend, die ihren Plänen förderlich war; diess Alles bezeichnet Moskau als die Grenze des Angriffs, als die Grenze des Raumes, innerhalb welches, sollte überhaupt der Feldzug ein erfolgreiches Ende finden, die Entscheidung stattfinden musste.

War sie bis dahin nicht gefallen, hatte Napoleon Moskau erreicht, ohne die Russen entscheidend geschlagen zu haben, so stand er am Ende der Möglichkeit, diess überhaupt thun zu können und man kann sagen, dass er mit dem Gewinnen von Moskau Alles verloren hatte; denn er sah seinen Gegner neuerdings entschlüpfen, ohne selbst seine Absicht weiter verfolgen zu können.

Die Wahrheit dieser Worte beweisen seine wiederholten Friedensanträge.

Der Flankenmarsch der Russen von der Strasse nach Rjäzan auf jene nach Kaluga, in gefährlicher Nähe der bei Moskau concentrirten französischen Armee ausgeführt, wäre für Napoleon eine letzte Gelegenheit zur Führung des vernichtenden Schlages gewesen; mit dem Momente wo die russische Armee die flankirende Aufstellung bei Tarutino erreicht hatte, war dagegen für die Franzosen die Wahrscheinlichkeit des Erfolges wesentlich herabgedrückt, die Hoffnung auf eine günstige strategische Combination entschwunden und nur noch die Möglichkeit eines taktischen Schlages ohne besondere strategische Unterlage übrig geblieben; und auch das nur dann, wenn die Russen es nicht vorzogen, durch ein weiteres Ausweichen diesen Kampf zu vereiteln, da Napoleon nicht gut in der Lage war, ihnen zu folgen.

Während er aber zu diesem vernichtenden Schlage factisch nicht mehr genügende Kräfte besass, war der Kampf selbst sehr nöthig geworden, und zwar durch die Beziehungen, in welche die russische Armee zu seiner Rückzugsstrasse gelangt war, und durch die bereits fühlbare Wirkung gegen diese, in der Richtung auf Wereja und Moshaisk.

XII.
Ueber den Wechsel der Operationslinie am 18. und 19. September und die Umstände, unter denen es am 24. October zur Schlacht bei Malo-Jaroslawetz kam.

Nach dem Verluste von Moskau mit allen Vorräthen, welche die Russen im Glauben, die Entscheidung werde zu ihren Gunsten westlich davon fallen, daselbst angesammelt hatten, zogen sie in der Richtung auf Rjäzan ab. Diese Richtung war, wie im früheren Capitel erwähnt, eine falsche, weil sie die Russen in eine Gegend führte, wo sie nichts zur Erhaltung ihrer Armee fanden.

Dagegen war, wie schon mehrfach besprochen, die südliche Gegend für die russische Armee von besonderer Bedeutung, indem von dort nicht allein Verstärkungen, sondern auch, was in der Lage der Russen, die ihr Hauptsubject verloren hatten, schwer in's Gewicht fiel, bedeutende Massen Getreide und Vieh gegen Moskau über Kaluga im Anzuge waren.

Wir haben zu wiederholten Malen die aus diesen Gründen strategisch bessere Rückzugsrichtung erwähnt, dabei auch die Motive angedeutet, welche die Russen den Weg nach Moskau wählen liessen. Wenn nun die Russen schon am zweiten Tage die Rjäzaner Strasse verliessen, um die von Kaluga zu gewinnen, so geschah es nicht in der Absicht, die in den Südprovinzen vorhandenen Hilfsquellen zu decken, sondern um sie zu benützen; denn nach dem Verlassen von Moskau gelangte das Armee-Commando durch die Organe der Intendantur zur Kenntniss, dass die Armee in der eingeschlagenen Richtung auf Rjäzan nichts zu leben finden werde, da man den Verlust Moskau's nicht vorausgesetzt und für diesen unvorhergesehenen Fall auch nicht vorgesorgt hatte; dass dagegen in Kaluga und Tula bedeutende Vorräthe theils schon eingetroffen, theils noch dahin im Anzuge seien.

So sehr wir auch Clausewitz's Ausspruch acceptiren, dass es so ziemlich der allgemeine Gedanke des russischen Generalstabes gewesen sei, nach der Räumung Moskau's die Strasse nach Kaluga zu gewinnen, weil dieser Gedanke der natürlichste, das Einfachste und Richtigste in sich schliessende war; so glauben wir doch aus den Verhältnissen uns zu dem Schlusse berechtigt, dass dieser Gedanke der Armeeleitung nicht eigenthümlich war; denn sonst würde dieselbe die Armee doch wohl gleich von Moskau aus in jener Richtung disponirt und sie nicht in eine Lage versetzt haben, welche nur durch einen sehr bedenklichen Flankenmarsch berichtigt werden konnte.

Nicht die, wenn auch späte Erkenntniss des Richtigen, sondern einzig und allein die absolute Unmöglichkeit, die Armee bei weiterer Fortsetzung des Rückzugs in östlicher Richtung erhalten zu können, brachte Kutusow in jene Gegend, auf die sein Augenmerk stets hätte gerichtet sein sollen.

Durch diesen Wechsel der Operationslinie erwuchs den Russen aber noch ein weiterer, sehr erheblicher Vortheil; sie gelangten nämlich dadurch in eine Flankenlage zur Operations- und eventuellen Rückzugslinie der Franzosen, gegen welche die russische Armee sich auf der Sehne bewegen konnte, im Gegensatze zur französischen, welcher diess aus ihrer Aufstellung südlich von Moskau, nur auf dem Bogen möglich war, und es stand hiedurch den Russen mit der kürzeren Linie zugleich die sehr günstige Chance zu Gebote, jederzeit den Franzosen auf deren eigener Rückzugslinie zuvorkommen zu können.

Den beiden Zwecken, directe Deckung der Strasse nach Kaluga und wirksame Bedrohung der feindlichen Rückzugslinie in der Sehnenrichtung, entsprach am besten eine Aufstellung in der Gegend von Malo-Jaroslawetz; aus einer weiter südwärts gewählten Aufstellung konnte zwar dem erstgenannten Zwecke auch genügt werden, allein es vergrösserte sich dann auch die Entfernung zur grossen Moskauerstrasse, wodurch der Vortheil der kürzesten Linie bis zu dieser für die Russen verloren ging und den Franzosen zufiel.

Waren nun die Russen berechtigt, in der Gegend von Malo-Jaroslawetz stehen zu bleiben und nöthigenfalls, wenn Napoleon sich gegen sie wandte, dort den Kampf anzunehmen?

Die russische Armee stand bei Tarutino zur französischen in dem Verhältnisse einer Flankenstellung, indem sie den für diese massgebenden Bedingungen, sowohl bezüglich der **Deckung der eigenen, nunmehr gewechselten Basirung, als auch der wirksamen Bedrohung der feindlichen Operationslinie mit der ganzen, concentrirten Kraft entsprach.**

Dieses Verhältniss schuf aber für die französische Armee eine Situation, die unerträglich war und die sie zwang, ausgedehnte Massregeln für die Sicherung der eigenen Operationslinie zu treffen, Massregeln, die erforderlichen Falles selbst bis zum Angriffe mit der Hauptmacht reichen konnten.

Solche Massregeln waren vorerst die Detachirung des VIII. Corps nach Moshaisk und Wereja; dann jene Murat's mit einem zusammengesetzten Infanterie-Corps, dem V. Corps, der Weichsel-Legion und der Reiterei in der Gegend von Winkowo, auf der alten Strasse nach Kaluga; endlich die Verfügungen bezüglich der Deckung der Convois und der Bildung der Marsch-Abtheilungen. So durften, beispielsweise, von Smolensk nur Marsch-Abtheilungen von mindestens 5—6000 Mann Infanterie und Cavallerie zur Armee abgehen, auch jeder Convoi nur unter dem Schutze solcher Colonnen gegen Moskau marschiren.

Die Russen hatten also wegen der Lage, in die sie Napoleon durch ihre Aufstellung gebracht, eines Angriffs gewärtig zu sein, und da musste wohl die Kraftfrage von Seite ihrer Führer in den Kreis der Erwägungen gezogen worden sein.

Den Russen waren seit Borodino einige Verstärkungen zugekommen und sie standen an der Nara in der Stärke von ungefähr 80.000 Mann; ihren Gegner mussten sie zwar gut um ein Viertheil überlegen schätzen; allein sie konnten mit einigem Rechte voraussetzen, dass Napoleon eine nicht unbedeutende Truppenmasse in Moskau und auf seiner Rückzugsstrasse zurücklassen werde; sie durften seine wiederholten, in ungewöhnlicher Form gemachten Friedensanerbietungen und seine lange Unthätigkeit in Moskau als Symptome der Schwäche und als Zeichen ansehen, dass er jetzt die Schlacht nicht mehr wünsche, nach der sein Sehnen gegangen war, so lange er sich noch kräftig genug gefühlt hatte, dem Kriege mit einem Schlage ein Ende zu machen.

Und diese Symptome waren zu deutlich, als dass es auf russischer Seite eines besonderen Grades von Klugheit bedurft hätte, sie wahrzunehmen.

Zudem musste sich ihnen noch die Erkenntniss aufdrängen, dass es Napoleon, mochte er nun den Entscheidungskampf vermeiden oder ihn selbst mit Erfolg bestanden haben, ganz unmöglich sein werde, in dem abgebrannten Moskau und dem ausgesogenen Lande zu überwintern; denn bei dem schon eingetretenen Kraftverluste der französischen Armee, der sich durch jeden, selbst siegreichen Kampf nur erheblich steigern konnte, in Folge der enormen Entfernung von ihren Hilfsquellen aber durchaus nicht wieder ersetzen liess, und bei der factischen Unmöglichkeit, in dem verwüsteten und von allen Ressourcen entblössten Lande den Unterhalt des Heeres herbeizuschaffen, konnte Napoleon wohl nicht daran denken, seine Armee dort zu lassen, wo sie jetzt noch war, sondern musste sich nothgedrungen zum Rückzuge entschliessen und ginge dieser auch nur bis Smolensk, seinem nächsten Subjecte.

Schritt er also zum Angriffe, so geschah es gewiss zum mindesten mit der Nebenabsicht, seinen durch die Stellung der Russen erschwerten Rückzug zu sichern oder sich vielleicht bessere Wege für denselben zu eröffnen; auf jeden Fall bedurfte aber seine Etapenstrasse über Moshaisk und Wiäzma zu ihrer vollkommenen Sicherung eines ausreichenden Schutzdetachements.

Und dass Napoleon in dieser Beziehung Vorkehrungen getroffen und worin diese bestanden, wussten die Russen durch ihre leichten Truppen und die Unternehmungen ihres linken Flügels gegen Wereja und Moshaisk und brauchten daher einen plötzlichen und übermächtigen Anfall nicht zu besorgen.

All' diese aus der Betrachtung der thatsächlichen Verhältnisse entspringenden Erwägungen, so wie die erkannte Nothwendigkeit, sich die günstigen Chancen einer Flankenstellung zu erhalten und zugleich über die positiven Absichten Napoleon's, selbst auf die Gefahr eines, jedoch voraussichtlich nicht besonders gefährlichen Angriffs, vollkommen in's Klare zu kommen; mögen Kutusow und zwar mit Recht veranlasst haben, bei Tarutino Halt zu machen. Er that es vielleicht mit dem Vorbehalte, es selbst hier noch nicht zum völligen Abschlusse kommen zu lassen und bei einem bedrohlichen, die ernste Absicht charakterisirenden Angriffe des Gegners nach dem einleitenden Kampfe das Ausweichen fortzusetzen.

Ob Napoleon mit dem zu vermuthenden Angriffe wirklich die Entscheidung herbeiführen oder sich nur Luft verschaffen wolle, konnten die Russen durch ihre gut geführten, zahlreichen Kosaken, durch den Charakter und die Hartnäckigkeit des Kampfes selbst, vor allem aber aus der Richtung des Angriffs erkennen, weil die Absicht zu entscheiden, Napoleon veranlassen musste, diesem eine solche Richtung zu geben, durch welche die französische Armee nach dem Siege in ein strategisch günstiges Verhältniss kommen, im vorliegenden Falle also das Ausweichen der Russen nach dem ihnen vortheilhaften Raume verhindern konnte.

Die momentane Situation in Betracht gezogen, war der Angriff des rechten russischen Flügels derjenige, welcher die Absicht zu entscheiden zum Ausdruck brachte, vorausgesetzt, dass Napoleon den Kampf strategisch derart vorbereitete, um den Gegner nach dem Siege dahin drücken zu können, wo der Raum ein kürzerer wurde, was durch ein Abdrängen west- oder südwestwärts zu erreichen war. Es verschlimmerten sich aber dadurch auch die Beziehungen zur eigenen Rückzugslinie für Napoleon in einer ganz bedenklichen Weise, ein Umstand, der gegen das Suchen des Entscheidungskampfes sprach.

Griff dagegen Napoleon den russischen linken Flügel an, so wahrte er zwar die eigene Sicherheit, allein er hatte, im Falle des Sieges, wieder die Verfolgung gegen Südosten, wodurch die Verlängerung des Raumes und der Verbrauch von Zeit in's Unabsehbare wuchsen.

Mit einem solchen Angriffe war also, wenn bei den Russen nicht besondere Fehler vorfielen, oder dieselben den Kampf in verblendeter Hartnäckigkeit bis zur völligen Erschöpfung fortführten, nicht mehr zu erreichen, als ein Zurückwerfen der Russen zur

Sicherung eines leichteren Rückzuges und möglicherweise, wenn es gelang, sie von Kaluga ostwärts zu drängen, das Eröffnen der Rückzugslinie über Jelnja, auf welcher, da sie noch nicht betreten worden war, die Subsistenz der Armee erleichtert gewesen wäre.

Die vorstehenden Erörterungen dürften den Beweis geliefert haben, dass die Russen mit allem Rechte in der Gegend von Malo-Jaroslawetz, selbst auf die Gefahr eines Kampfes hin, stehen blieben, weil sie auf ein Gleichgewicht der Kräfte, ja vielleicht sogar auf eine Ueberlegenheit ihrerseits, auf günstige Constellationen und das Erkennen der feindlichen Absicht hoffen konnten.

Das Gefecht bei Tarutino am 18. October mahnte Napoleon zum Aufbruche, indem es die Absicht der Russen kundgab, die Offensive zu ergreifen und zugleich bewies, dass sie sich kräftig genug dazu fühlten.

Das Gefecht selbst, von den Russen mit wenig Geschick und matt geführt, endete mit dem Rückzuge Murat's, dessen Heerestheil, zum grossen Theile aus Reiterei bestehend, neun Meilen von der Armee entfernt, daher ohne Aussicht sobald unterstützt zu werden, dabei in unmittelbarer Fühlung mit dem Feinde, nicht im Stande war, seiner Aufgabe zu entsprechen.

Die Operationen Napoleon's, welche zur Schlacht bei Malo-Jaroslawetz führten, haben den Charakter der einfachen strategischen Umgehung, mit dem vornehmsten Zwecke, die Gegend von Kaluga zu gewinnen, damit er sich die südliche Strasse zum Rückzuge frei mache und die Russen zurückwerfe, um sich diesen zu erleichtern. Gewiss verband er damit auch den Gedanken, dem Feinde möglicherweise einen vernichtenden Schlag zu versetzen, um ihn vielleicht noch in der zwölften Stunde den Friedensanträgen geneigter zu machen.

Die Umstände, unter denen es nun zum Kampfe kam, stempeln das Schlachtfeld von Malo-Jaroslawetz zu einem entscheidenden. Schlug Napoleon die Russen vollständig auf's Haupt, so konnte er sich damit vielleicht noch einen günstigen Frieden erringen; war das Ergebniss des Kampfes ein minder entschiedenes, aber für ihn immer noch vortheilhaftes, so sicherte er sich doch wenigstens einen halbwegs bequemen Rückzug, vorausgesetzt, dass er die Russen durch seine Reiterei verfolgen liess, um die Täuschung über sein ferneres Beginnen einige Tage zu nähren; wurde er dagegen selbst geschlagen, so war von einem geordneten Rückzuge auf einer verheerten, 120 Meilen langen Operationslinie durch ein insurgirtes Land, wohl keine Rede mehr und es schien vielmehr die Vernichtung des französischen Heeres unvermeidlich, wenn es der siegreichen und überlegenen Armee der Russen, die im Besitze des kürzeren Weges war, gelang, Napoleon zuvorzukommen, während sich andere feindliche Corps schon vorher der Operationslinie bemächtigt hatten.

Aus den einleitenden Gefechten fühlte Napoleon es auch richtig, dass er kaum auf einen besonderen Erfolg rechnen könne; er erkannte die Gefahr, die ihm erwachsen könnte, wenn er Alles auf eine Karte setzte; er sah ein, wie wichtig es sei, noch eine Achtung gebietende Kraft zu erhalten, um sich den Rückweg, wenn nöthig, mit Gewalt zu bahnen und trat desshalb den Rückzug an.

So sah er auch diessmal seine Absicht vereitelt und sich auf jene Strasse angewiesen, die er nicht Willens gewesen war einzuschlagen, weil es in der Hand des Gegners stand, in der kürzeren Sehnenrichtung dieselbe zu erreichen und durch die parallele Verfolgung auf einer Linie, die durch den Krieg noch nicht gelitten hatte, zu grossen Erfolgen zu gelangen.

Kutusow gab bei Malo-Jaroslawetz ebenfalls den Kampf auf, weil er den entscheidenden Augenblick noch nicht gekommen glaubte.

XIII.
Ueber die Empfindlichkeit der Flanken während der Offensive Napoleon's.

Die Hauptoperations-Basis hatte Napoleon an der Weichsel etablirt. Seine Subjecte, in denen bedeutende Magazine aufgespeichert wurden, waren Danzig, Graudenz, Modlin und Warschau.

Die richtige Erkenntniss, dass er in einem so dünn bevölkerten und wenig cultivirten Lande wie Russland, nicht wie in den reichen Ebenen Schwabens und Oberitaliens ausschliesslich von Requisitionen leben könne, dass er im Gegentheile zum grössten Theile auf die Magazinsverpflegung angewiesen sein werde, liessen Napoleon der Approvisionirung und dem Nachschubswesen eine besondere Sorgfalt zuwenden.

So liess er, beispielsweise, in Danzig Anstalten treffen, um eine Armee von 400—500.000 Mann auf ein Jahr mit Proviant zu versehen.

Die 17 französischen Fuhrwesens-Bataillone mit 5—6000 Fuhrwerken sollten eine zweimonatliche Verpflegung für 200.000 Mann nachführen; überdiess liess er, um den Nachschub zu fördern, noch zahlreiche Landesfuhren, zum Theile mit Ochsen bespannt, aufstellen und glaubte auf diese Weise mit Benützung der im Feindeslande vorfindlichen Mittel und dem überdiess von Danzig nach dem Niemen gebrachten vierzigtägigen Verpflegsvorrathe auszureichen.

Aber freilich übersah Napoleon dabei, dass die Magazine der Armee, die sich in grossen Massen und schnell bewegte, nicht folgen konnten; er bedachte nicht, dass der Feind, wie es factisch geschah, die Hoffnung Napoleon's auf einen grossen Schlag in Litthauen täuschen könnte, indem er auswich, und dass ein Theil der Trainbespannungen nicht den Niemen erreichen, ein noch grösserer Theil aber in den ersten Märschen jenseits zu Grunde gehen werde.

Ungeachtet der ausgedehnten Vorkehrungen Napoleon's, und ungeachtet die Armee, um in ihren raschen, die Hauptschlacht suchenden ersten Operationen nicht gelähmt zu sein, einen sechszehntägigen Verpflegsvorrath mit sich nahm, sah der französische Feldherr die Verpflegs- und Nachschubs-Verhältnisse schon im Beginne des Krieges in einer kläglichen Verfassung und die Armee, da die gehoffte und gesuchte rasche Entscheidung ausblieb, sich bald beinahe ausschliesslich auf die Requisition angewiesen, was den bekannten colossalen Abgang in der ersten Feldzugsperiode und den Stillstand bei Witebsk zur natürlichen Folge hatte.

Die Zwischensubjecte, in welche nach Ueberschreitung des Niemen die Magazine vorgebracht wurden, waren Kowno, Wilna, Minsk und Smolensk.

Die Empfindlichkeit der Flanke bezeichnet einen Zustand, welcher dadurch entsteht, dass die Unterbrechung der eigenen Operationslinie nicht allein nur zu besorgen, sondern positiv und begründeter Weise zu befürchten ist.

Diese Unterbrechung kann eine dauernde oder eine bloss vorübergehende sein; erstere muss unter allen Umständen verhindert werden, weil sie der Bedingung der Sicherheit widerspricht, indem sie die Lebensader der Armee unterbindet und die Verbindung mit ihren Hilfsquellen aufhebt, auf welche kein Heer dauernd verzichten kann. Allein selbst eine vorübergehende Unterbrechung wird in vielen Fällen, weil sie eine Störung des Nachschubs erzeugt, schon von empfindlichen Folgen sein.

Je wichtiger also für die operirende Armee der geregelte Nachschub aller Bedürfnisse ist, was in einem an Ressourcen armen Lande den höchsten Grad erreicht, desto wichtiger ist es auch für sie, dass sie mit ihren Subjecten ungestört communicire.

Diese Betrachtungen bringen jenen Grundsatz zum Ausdruck, der in der theoretischen Lehre von den Operationslinien über deren Sicherheit in den Flanken aufgestellt wird.

Spricht man also von der Empfindlichkeit der strategischen Flanke, so wird man darunter verstehen müssen, dass die Operationslinie im Rücken des operirenden Heeres nicht mehr sicher sei, eine Gefahr, die eintritt, sobald die Operationsfront der Armee die Operationslinie nicht mehr hinreichend schützt und die hervorgebracht wird durch feindliche Kräfte, welche, durch ihre Lage abseits der Haupt-Operationsrichtung, ihre directe Wirkung nicht mehr gegen die Front, sondern gegen Flanke und Rücken äussern. Hieraus folgt, dass es die Kraft selbst ist, welche in erster Instanz die Empfindlichkeit der Flanke überhaupt, wie den Grad derselben bestimmt.

Sind nämlich die in der Flanke stehenden Kräfte des Gegners so geringe, dass eine dauernde Unterbrechung der Nachschubslinien nicht zu befürchten ist, weil schon die gewöhnlichen Vorsichtsmassregeln dagegen ausreichen, oder ist man selbst dem Feinde bedeutend überlegen, so wird die Empfindlichkeit entweder gar nicht vorhanden sein, oder man wird Mittel besitzen, um sie zu paralysiren, indem man zur Sicherung der Verbindungen eine genügende Anzahl von Detachements zurücklässt.

Im Feldzuge 1812 sind in der ersten Periode bis zum Erreichen der Gegend von Witebsk die Flanken der französischen Armee fast unempfindlich; denn im Beginne war sie dem befreundeten Lande, der eigenen Hauptbasis sehr nahe, die Flanken des Raumes im Rücken der Armee waren kurz, und endlich hatte Napoleon, gestützt auf riesige Ueberlegenheit, Massregeln getroffen, um alle gegenüberstehenden Kräfte des Feindes zu umfassen und zu zertrümmern. Da somit eine Empfindlichkeit nicht bestand, so war auch eine Paralysirung derselben nicht erforderlich; die Breitenentwicklung der namhaft überlegenen französischen Armee sicherte ihr in ausgiebigstem Masse Flanken und Rücken.

Mit dem Misslingen der Operationen gegen Barclay und Bagration, mit dem Erreichen der Gegend von Witebsk änderte sich die Situation. Hatte Napoleon bis dahin für die Verbindungen nichts zu besorgen, theils weil seine Armee überlegen war und den taktischen Schlag suchend, sich mit einer breiten, umfassenden

Operationsfront vorbewegte, theils weil Napoleon, eben von diesem Gedanken beseelt, den Operationen eine grosse Freiheit und Raschheit zu geben wünschte und sich dazu von der Basis vorübergehend unabhängig gemacht hatte; so war dagegen, als man die Gegend von Witebsk erreichte, in Folge des verfehlten Zieles und der dazu angewendeten extremen Mittel, eine Situation eingetreten, welche im höchsten Grade den Nachschub aus den rückwärtigen Magazinen nöthig machte.

Mit der Steigerung des Werthes der Verbindungen von letztern zur Armee, musste auch natürlich das Bedürfniss geltend werden, dieselben zu decken, was um so wichtiger erschien, als Barclay unter Wittgenstein namhafte Kräfte an der Düna zurückgelassen hatte.

Diese Detachirung, wahrscheinlich in der ursprünglichen Absicht, die Strasse auf Petersburg zu decken, gemacht, erhielt durch die Lage dieses Corps und durch die Beziehungen desselben zur Operationslinie der Franzosen einen andern, weit wesentlicheren Zweck; es sollte nämlich in einer strategisch günstigen Situation die fortwährende Bedrohung der französischen Verbindungen ausüben und die Empfindlichkeit ihrer linken Flanke potenciren, u. z. sowohl mit Rücksicht auf den, den Franzosen so nöthigen Nachschub, als auch um überlegene Kräfte des Feindes in der Sorge dafür zu fesseln, endlich als Vorbereitung einer Katastrophe für den Fall eines Rückzugs der französischen Armee.

Nach dieser Flanke sah sich Napoleon factisch zu bedeutenden Entsendungen gezwungen. Oudinot, S. Cyr und Victor, die allmählig in Thätigkeit gelangten, mögen zusammen bei 100.000 Mann stark gewesen sein, während Wittgenstein in Allem nicht mehr als 75.000 Mann, worunter ein Theil Milizen, in Verwendung brachte.

Auch gegen Witebsk wurde nach der Schlacht von Smolensk eine Division des 4. Corps und eine Reiter-Division der Reserve detachirt, die aber bald wieder zur Armee zurückkehrten.

Weitere Factoren, welche die Empfindlichkeit der Flanken erhöhen, weil sie die zur Hervorbringung und Erhaltung derselben verwendeten Mittel wesentlich unterstützen und kräftigen, sind: die natürliche Beschaffenheit des Landes und die Gesinnung seiner Bewohner.

Ist der Landstrich, durch welchen die Operationslinie des Feindes zieht, fruchtbar und ressourcenreich, so vermag dessen operirende Armee einen grossen Theil ihrer Bedürfnisse aus jenem Raume zu schöpfen, in dem sie eben sich bewegt und es wird daher für sie von minderem Nachtheile sein, wenn der Gegner ihre Verbindungen auch momentan unterbricht; ist dagegen das Land arm und die Armee in Folge dessen darauf angewiesen, aus ihren Magazinen zu leben, so wird es zum Gebote dringender Nothwendigkeit, die Etapenstrasse gänzlich unversehrt und ununterbrochen zu erhalten.

Kaum weniger grossen Einfluss, als die wirthschaftlichen Verhältnisse des Landes, äussert die Gestaltung des Raumes, die Beschaffenheit des Terrains; denn durch Flüsse und andere Hindernisse gebildete Abschnitte mit gesicherten Uebergängen, welche dem Vertheidiger Schutz und Gelegenheit zu mancherlei strategischen und taktischen Combinationen gewähren; oder ein stark bedecktes und durchschnittenes Land, welches den Parteigänger-Krieg begünstigt, erhöhen gleichmässig die Kraft des Vertheidigers und geben ihm Mittel und Wege an die Hand, die Empfindlichkeit der Flanken des Gegners beträchtlich zu steigern.

Von welcher Wichtigkeit endlich in dieser Beziehung die Gesinnung der Bevölkerung sein kann, braucht kaum des Näheren erörtert zu werden; denn wenn die Regierung eines Landes es versteht, durch die beiden mächtigsten Hebel menschlichen Handelns, durch die Liebe zum Vaterlande und zur Religion, auf die Massen zu wirken; wenn sie es dahin bringt, im Herzen des Volkes fanatischen Hass gegen den eingedrungenen Feind zu entflammen, dass es in Waffen aufsteht zur Vertheidigung seines heimatlichen Heerdes und seines heiligen Glaubens; dass es die Vorräthe von Lebensmitteln zerstört oder in die Wälder flüchtet und die Brunnen verschüttet; dass es in Banden umherzieht und, unterstützt von regulären Abtheilungen, des Feindes Verbindungen unterbricht, seine Transporte aufhebt, seine Nachzügler erschlägt; — mit einem Worte, den Krieg der Heere zum erbarmungslosen, erbitterten Kampfe der Racen macht; so müssen daraus natürlicherweise die verderblichsten Consequenzen für die Sicherheit der Operationslinie des eingedrungenen Feindes entstehen.

Und alle die vorgenannten ungünstigen Einflüsse wirkten auf die französische Armee, als sie Witebsk passirt hatte.

Das Umfassen des Gegners hatte aufgehört; die Operationslinie war schon bedenklich lange, der Nachschub dringend nöthig geworden und es lag in der linken Flanke ein an Wäldern und Sümpfen reiches Land, mit der Düna nahe der Operationslinie, an welche sich die Thätigkeit des detachirten russischen Corps und des bewaffneten, fanatisirten Volkes stützen konnte.

Von analoger, wenn auch für die erste Zeit nicht so fühlbar nachtheiliger Natur waren die Verhältnisse in der **rechten Flanke**; denn der Parteigängerkrieg, obwohl auf Bobruisk und das hiezu besonders günstige Terrain in den Przipiec-Sümpfen gestützt, wurde wegen der grossen Entfernung dieses Landstrichs minder gefährlich, wiewohl nach Passirung der altpolnischen Länder die Gesinnung der Bevölkerung als eine besonders feindselige gefunden wurde.

Den wesentlichsten Einfluss aber auf die rechte Flanke der französischen Operationslinie äusserte die Anwesenheit bedeutender Massen des Feindes im Süden, die zwar im Beginne noch entfernt standen, von denen man aber den Zeitpunkt ihrer Wirkung im Rücken der Armee im Vorhinein nicht genau bestimmen konnte.

Es waren diess die Reserve-Armee unter Tormassow in Volhynien, in der Gegend von Stare-Konstantinow und die Moldau-Armee unter Tschitschakoff, welche gegen die Türken bestimmt, aber durch den Abschluss des Friedens mit diesen disponibel geworden war, was eine Verschlimmerung der Situation erzeugte, die Napoleon erst in Witebsk bekannt wurde. Die erste Gefahr jedoch drohte von den bei Mozyr sich sammelnden Reserve-Truppen unter Hertel, gegen welche Napoleon sich gezwungen sah, die Division Dombrowsky und eine Brigade des 4. Reiter-Corps zu detachiren.

Allein, wiewohl die Empfindlichkeit in der rechten Flanke bis zur Erreichung der Gegend von Witebsk wegen der grossen Entfernung der Russen noch nicht vorhanden war, so schien es doch geboten, schon von Hause aus westlich der Pinski'schen Sumpflandschaft zu detachiren, um die Wirkung des nähern Tormasow zu neutralisiren. Desshalb wurde Schwarzenberg daselbst belassen; Reynier sollte ihn später ablösen und Schwarzenberg der Armee nachrücken; erst auf seine Vorstellungen über die wahre Sachlage, kehrte dieser nach dem Ereignisse bei Kobrin wieder in seine frühere Aufstellung zurück.

Dieses Schwanken Napoleon's in seinen Verfügungen zur Paralysirung der Empfindlichkeit der rechten Flanke, ist dadurch motivirt, dass er nicht wissen konnte, welche Richtung die Moldau-Armee nehmen werde, da es nicht nur wahrscheinlicher, sondern auch richtiger war, anzunehmen, sie werde Dniepr aufwärts rücken. Dass Napoleon's Vermuthung begründet war, beweisen die Verfügungen Kutusow's; vor Moskau hatte er Tschitschakoff befohlen, auf Moskau zu marschiren; nach dem Falle dieser Stadt befahl er Tormassow, Volhynien durch Tschitschakoff vertheidigen zu lassen, selbst aber nach Tarutino zu marschiren; einige Tage später erfolgte ein dritter Befehl, der Tschitschakoff über Mohilew gegen Tarutino zu rücken anwies, während Tormassow Volhynien vertheidigen sollte.

Diese wiedersprechenden, zum Theil unausführbaren Verfügungen geben einen neuen Beweis, dass bei den Russen sich Vieles von selbst und ohne Zuthun des Feldherrn machte; sie deuten aber auch an, dass Napoleon allen Grund hatte, für die Gegend von Smolensk Besorgnisse zu hegen.

Eine Vereinigung so bedeutender Streitkräfte wie die Tschitschakoff's, Tormassow's und Wittgenstein's, unter einheitlicher, entschiedener Leitung im Rücken Napoleon's, am Dniepr oder an der Berezina, hätte jedenfalls grosse Folgen haben müssen.

XIV.
Ueber die Verfolgung der französischen Armee durch die Russen nach der Schlacht von Malo-Jaroslawetz bis in die Gegend von Smolensk.

Die Schlacht bei Malo-Jaroslawetz hatte die Situation völlig verändert.

Napoleon hatte den Kampf daselbst nicht erneuert und den Rückzug angetreten, sprach es also damit aus, dass er sich zu schwach fühle, noch weiter nach einer Entscheidung zu streben.

War bis dahin das Ausweichen der Russen, das Vermeiden des Kampfes ihrerseits, die berechtigte Handlungsweise gewesen, so musste dagegen mit dem beginnenden Rückzuge des Gegners das Streben nach Kampf in den Vordergrund treten, indem jener Wendepunkt eingetreten war, der mit dem geänderten Kraftverhältnisse eine Aenderung der Absicht bedingte, und dem Vertheidiger gebot, durch den Uebergang in die strategische Offensive, durch eine kräftige Verfolgung des weichenden Gegners, die Früchte der Ausdauer und der gebrachten Opfer zu ernten.

Wir haben im Laufe dieser Betrachtungen zu bemerken Gelegenheit gefunden, wie sich das Verhältniss der Kraft allmählich zu Ungunsten des Angriffes änderte; die zerstörenden Reibungs-Elemente und die, der Flanken-Empfindlichkeit wegen nöthigen defensiven Massregeln absorbirten so namhafte Kräfte, dass die französische Armee, welche ungefähr 500.000 Mann stark den Niemen überschritt, nach einem Feldzuge von noch nicht zwölf Wochen nur 100.000 Mann nach Moskau brachte.

Mit dem veränderten Kraftverhältnisse erfolgte aber auch eine Aenderung der Situation. Jene der französischen Armee war recht ungünstig geworden; sie stand 50 Meilen von ihrem nächsten Zwischensubjecte Smolensk entfernt, auf eine einzige, durch ein ausgesogenes Land ziehende Verbindung beschränkt und auf allen Seiten von Feinden umgeben.

Die Lage der russischen Armee hingegen war eine relativ sehr gute geworden.

Sie hatte durch den Gewinn an Zeit die Vollendung der Rüstungen, das Aufstellen der Milizen, das Herbeirücken entfernter Heerestheile möglich gemacht; endlich stand sie, allerdings durch den Zufall dahin gebracht, in einer äusserst günstigen Flankenstellung, von wo aus sie die Linie des nun nothwendig gewordenen französischen Rückzugs in der kürzeren Sehnenrichtung bedrohte.

War nun für die Russen, durch ihre factisch erlangte Ueberlegenheit an Zahl, der Zeitpunkt für eine kräftige Offensive eingetreten, so wirft sich jetzt die Frage auf, in welchem Raume dieselbe geführt werden musste, d. h. wie die Russen unter den herrschenden Verhältnissen zu verfolgen hatten und wo und wie sie hoffen konnten, unter den günstigsten Umständen zu den grössten Ergebnissen zu gelangen.

Die Lehren, welche die Theorie in Bezug auf die Verfolgung und die verschiedenen Arten derselben aufstellt, deren Details wir als bekannt voraussetzen und hier nicht weiter erörtern wollen, geben der parallelen oder Flankenverfolgung den Vorzug, ein Vorzug, der vornehmlich dadurch begründet ist, dass diese Art der Verfolgung dem Verfolgenden die Möglichkeit gewährt, dem Gegner auf dessen Rückzugswege zuvorzukommen, was die grössten Erfolge verspricht.

Der günstigste Ausgangspunkt dazu ist jener, aus einer Flankenstellung, also aus der Situation, die der einfachen Umgehung entspricht, weil er leicht die Absicht des Zuvorkommens zur Erfüllung bringt, während aus dem Frontal- oder Centralangriffe nur eine überlegene Schnelligkeit hiezu führen könnte.

Die Aufstellung der Russen kam dieser Anforderung nach, indem sie jedem Punkte der feindlichen Rückzugslinie näher war, als die französische Armee selbst in ihrer Stellung in und südlich von Moskau; und hätten die Russen in Folge des Kampfes bei Malo-Jaroslawetz selbst bis Kaluga weichen müssen, so wäre noch immer, ja vielleicht gerade von hier aus am besten, das Zuvorkommen auf der kürzesten und guten Strasse über Juchnow auf Wiäzma möglich gewesen.

Geht also die Flanken-Verfolgung naturgemäss aus der Flankenlage hervor, so mussten auch die Russen vor Allem zu ihr schreiten, und der Grundgedanke ihrer fernern Handlungen musste das Streben sein, den Franzosen zuvorzukommen, um zu dem längst erwarteten Schlage unter den günstigsten Umständen zu gelangen. Für den russischen Feldherrn konnte es sich daher nur noch darum handeln, zu entscheiden, wann und wo das erfolgen sollte.

Abgesehen von der ganz unerlässlichen Forderung, nur unter vortheilhaften Bedingungen zum Kampfe zu schreiten, wird für die Bestimmung des „Wann" hauptsächlich der Zustand der eigenen und der feindlichen Armee massgebend sein, während die Festsetzung des „Wo" vornehmlich von der Lage jener Räume abhängig sein wird, in denen der Feind nur unter möglichst nachtheiligen Umständen kämpfen kann, und welche durch das Auftreffen von Querverbindungen aus der parallelen Linie für den verfolgten Zweck strategische Bedeutung erlangen.

Um nun zur Feststellung dieser Räume zu gelangen, müssen wir uns gegenwärtig halten, dass die Idee der Verfolgung mit dem angetretenen Rückzuge der Franzosen berechtigt entstand, die That ihr selbst unmittelbar folgte und somit der Wendepunkt zwischen Ausweichen und Offensive für die Russen factisch eingetreten war; ersteres hatte seine Grenze also gefunden, für letztere aber, u. z. sowohl für ihre beabsichtigte Wirkung, wie für den nun zu suchenden Erfolg, musste Mass und Grenze erst bestimmt werden.

Mit dem Beginne des Rückzuges hatte Napoleon seine Schwäche manifestirt; er sprach es damit aus, dass er Verstärkungen nöthig habe und dass es ihm Bedürfniss sei, jetzt, da er sich schwach fühlte, eine strategisch bessere Lage zu gewinnen.

Dieser Zustand der französischen Armee musste für die Russen ein Sporn zu grosser Thätigkeit sein, damit sie Napoleon hinderten, sein Streben zu realisiren; sie konnten es, weil sie dabei kein besonderes Wagniss eingingen, indem sie nicht zu befürchten brauchten, selbst nach einer Schlappe verfolgt zu werden; und sie sollten es, weil sie alle Verstärkungen, auf die sie bis dahin hatten rechnen können, bereits an sich gezogen, weil sie ihren Hilfsmitteln nahe standen und sich daher ihre materielle Lage weder durch längeren Aufschub, noch mit dem Vordringen westwärts verbessern konnte. Die vorhin erwähnte, von Napoleon ersehnte bessere Lage fand er in der Gegend von Smolensk, da er in dieser Stadt und in Witebsk eine Zwischenbasis geschaffen hatte, in welcher bedeutende Vorräthe an Lebensmitteln, Munition und Bekleidungsgegenständen angesammelt worden waren und bei welcher das nachgerückte 9. Corps unter Victor und die Division Baraguay d'Hilliers *) als strategische Reserve standen.

Die Punkte, an denen eine Einwirkung der Russen entweder durch einen Flankenangriff oder besser durch völliges Zuvorkommen stattfinden konnte, lagen also in der Strecke zwischen Moshaisk und Smolensk; denn gelang es den Russen die innere Linie zwischen dieser Basis und der französischen Armee zu gewinnen, so war nach einem ziemlich wahrscheinlichen, entscheidenden Erfolge der Russen die völlige Vernichtung ihres Gegners unvermeidlich, da sie ihm den Rückweg verlegen und ihn nordwärts abdrängen konnten; auf jeden Fall aber waren in jener Strecke günstige Kampfbedingungen für die Russen zu erwarten, da die Franzosen, auf einer einzigen Strasse sich bewegend, gezwungen waren, in Abständen zu marschiren, der Angriff ihre Flanke traf und daher die beste Situation zur Ausbeutung relativer Ueberlegenheit vorhanden war.

Nachdem wir nun die Gegend im Allgemeinen bezeichnet haben, müssen wir noch festzustellen suchen, **wann und wo im Besonderen die Russen bei dem Rückzuge der Franzosen die günstigste Gelegenheit zu einem entscheidenden Schlage finden konnten und warum dieser nicht geschah.**

Ob sich der Angriff näher an Moskau oder an Smolensk mehr für die Russen empfahl, lässt sich mit Bestimmtheit nicht angeben, da für jeden besondere Vortheile sprachen.

Erfolgte der Angriff der Russen im Beginne des französischen Rückzugs, so ersparten sie sich dadurch lange Märsche unter dem zerstörenden Einflusse der strengen Jahreszeit; die russische Armee

---

*) Das 9. Corps hatte in 3 Infanterie- und 1 Cavallerie-Division 30.000 Mann Polen, Sachsen, Badenser, Hessen und Berger.

Die Division Baraguay d'Hilliers bestand aus drei Marsch-Brigaden, denen ein leichtes Cavallerie-Regiment (Polen) und 6 Geschütze beigegeben worden waren. Sie zählte 15.000 Streitbare, worunter 1200 Reiter.

war dann noch bei voller Kraft und traf den Feind ferne von seinen nächsten Reserven und Hilfsquellen, die er erst bei Smolensk fand. Dagegen war aber der Zustand der französischen Armee dann noch ein sehr respectabler, während bei einem Kampfe näher an Smolensk, der Rückzug schon demoralisirend auf dieselbe gewirkt haben musste, wenn die Russen, im Sinne der parallelen Verfolgung, mit einem Bruchtheile ihrer Kraft auch directe folgten, dem Gegner die Ruhe raubten, ihn zu immer wiederholten partiellen Kämpfen zwangen und auf diese Weise den Auflösungsprozess förderten. Stets musste jedoch dafür gesorgt werden, zwischen Malo-Jaroslawetz und der Gegend von Smolensk die Entscheidung herbeizuführen.

Die erste Gelegenheit hiezu bot sich bei Wiäzma, wo die von Südosten kommende Strasse in die Rückzugsstrasse der französischen Armee einmündet.

Am 3. November hatten erst die Garde und das 8. Corps Wiäzma passirt und Ney diesen Punkt selbst erreicht, wo er den Durchzug Aller abwarten sollte, um den Dienst der Arrièregarde zu übernehmen; das 4. und 5. Corps näherten sich erst und das 1. Corps war noch im Defiliren durch Federowskoje begriffen.

Die französische Armee, welche bereits unter dem Einflusse der strengen Kälte gelitten und schon viele Nachzügler hatte, war an diesem Tage in einer Tiefe von sieben Meilen vertheilt.

Miloradovitsch drang in richtiger Würdigung der nachtheiligen Lage der Franzosen an die Rückzugsstrasse derselben mit grosser Energie vor, wohl in der Meinung die Arrièregarde anzufallen, während er zwischen Eugen und Davoust gerieth und durch das Zusammenwirken beider seine Absicht vereitelt sah.

Kutusow hingegen, der über Medyn die Pudelcurve beschrieb, statt in der Sehnenrichtung auf Wiäzma, den nächsten Schwerpunkt zu rücken, am 2. November Dubrowa erreicht und von Miloradovitsch's Absicht, am nächsten Tage anzugreifen, Meldung erhalten hatte, näherte sich am 3. langsam Wiäzma gegen Bikowo und sendete nur das Cavallerie-Corps Uwarow's voraus, während das Gros erst gegen Abend eintraf.

Seine ursprüngliche Richtung gegen Moshaisk und die dadurch herbeigeführte Verspätung wollen seine nationalen Vertheidiger damit entschuldigen, dass sie sagen, er habe jenen Weg nicht unbeachtet lassen dürfen, weil er nicht habe wissen können, ob Napoleon nicht etwa die Strasse über Sytschewka, Bjeloi und Wjelisch auf Witebsk einschlagen werde; da wir jedoch die Behauptung aufgestellt und begründet haben, dass Kutusow's Handlungsweise im Sinne der parallelen Verfolgung von dem Gedanken des Zuvorkommens geleitet sein musste, so können wir jenen Versuch der Vertheidigung nicht acceptiren, sondern müssen darauf beharren, dass dem Streben, den Franzosen zuvorzukommen, weit eher in der entscheidenden Richtung über Wiäzma zu entsprechen war; denn von Medyn über Juchnow und Wiäzma nach Bieloje sind es 37 Meilen; von Wereja dagegen, von wo die Franzosen ausgingen, über Moshaisk, Zubtzow und Sytschewka nach Bjeloje 46 Meilen.

So richtig nun an sich der Gedanke Miloradovitsch's war, die Franzosen anzufallen, so musste, um einen Erfolg zu erlangen, dieser Anfall doch mit ganzer Kraft geschehen; die Richtigkeit dieser Idee war aber bei Kutusow nicht zum Durchbruche gelangt, sonst hätte ihn diese Erkenntniss zu grösster Thätigkeit anspornen müssen, während er sich in Wirklichkeit nur langsam näherte.

Diese Unsicherheit und Unentschlossenheit Kutusow's, dieses absichtliche Zurückbleiben, worüber bei Wiäzma die ganze Armee unwillig war, wurzelten in einer übergrossen Vorsicht, die nun, da es galt die Früchte früheren behutsamen und bedächtigen Handelns zu ernten, nicht am Platze war, und die wohl hauptsächlich der Furcht vor dem Namen Napoleon's und vor seinen kriegsgeübten und sieggewohnten Schaaren entsprungen sein mag, die man noch ungebrochen glaubte.

Bei Wiäzma hatten die Russen also die günstige Gelegenheit versäumt; lag es nun in ihrem Interesse, den Todesstreich zu führen, bevor Napoleon die Gegend von Smolensk erreicht hatte, wo Verstärkung und materielle Unterstützung seiner warteten, so mussten andere Punkte zum Angriffe und Zuvorkommen gewählt werden, wo für den Kampf vortheilhafte locale Verhältnisse die Folgen eines Sieges steigern konnten.

Mit Rücksicht darauf und auf das im Eingange dieses Capitels Gesagte, sowie mit Rücksicht auf die rauhe Jahreszeit, welche die Bewegung auf die Strasse beschränkte, waren zum Kampfe günstige Punkte, durch den Zug der Strasse bedingt, die Dniepr-Uebergänge westlich von Dorogobusch und endlich bei Smolensk selbst: letzterer aber nur dann, wenn die Russen sich vorher in den Besitz der Stadt setzten.

Auch hier versäumte Kutusow die Gelegenheit, Napoleon's Armee zu vernichten; er liess ihn durch Miloradovitsch, aber auch nur bis Dorogobusch directe verfolgen und begnügte sich, ihn mit der Hauptmasse in der Flanke zu begleiten.

Eine so schlaffe Verfolgung ist aber keine solche, die zu grossen Resultaten führt; zwar hatte sie die Form einer parallelen Verfolgung, aber es fehlte ihr der Geist derselben, welcher in dem Streben nach Kampf zum Ausdrucke kommen muss.

Kutusow dachte nur an Vorsicht; er meinte, den Rest der Arbeit den Flankencorps, die Napoleon jeden Ausweg versperren sollten, dem Hunger, der Kälte, den Strapatzen und dem Elend überlassen zu sollen, während er selbst Gelegenheit hatte, den Feind in verzweifelte Lagen zu bringen.

In Wahrheit war es die Furcht vor Napoleon, der ihm selbst im Unglücke als ein Titane erschien, was ihn abhielt, sich auf dessen Rückzugsstrasse zu wagen.

XV.
Ueber die Gefechte bei Krasnoj und deren Bedeutung.

Die Hoffnungen, welche Napoleon auf Smolensk gesetzt hatte, waren nicht in Erfüllung gegangen; Victor war zur Unterstützung Oudinot's nach Csaszniki geeilt, das bedeutende Magazin in Witebsk an ein Streif-Commando Wittgenstein's verloren gegangen, jenes in Smolensk durch das 9. Corps und die Durchzüge stark in Anspruch genommen worden. Zudem war die Armee physisch und moralisch stark herabgekommen, zuletzt durch die Unglücksfälle Augereau's bei Lyáchowo und des Vicekönigs am Wop.

Sie zählte sammt den wenigen Verstärkungen, welche sie in Smolensk gefunden, 42.000 Mann unter den Waffen, worunter noch 5000 Reiter, dann noch ungefähr 30.000 Nachzügler, welche dem Heere folgten. Allein auch die unter den Waffen Befindlichen waren in einem erschöpften, traurigen Zustande und die Kraft Vieler hatte eben nur bis Smolensk gereicht.

Fünf Tage blieb Napoleon in Smolensk, um seine Armee nur einigermassen zu ordnen, und brach, sobald es möglich war, in der Richtung gegen Orzsa auf, wo er Magazine zu finden hoffte, da dieselben nur an dieser Strasse etablirt worden waren; auch rechnete er auf die Vereinigung mit Oudinot und Victor jenseits des Dniepr.

Ungeachtet es dringend nöthig schien, bald dahin zu kommen, fand der Abmarsch in Echelons mit einem Tagmarsch Abstand statt, weil Napoleon bei einem Gesammt-Aufbruche grössere Unordnungen befürchtete.

Es verliessen daher Smolensk:
am 12. November das 5. und 8. Corps, die unberittenen Reiter und die Artillerie der Garde;
am 13. November die Weichsel-Division der jungen Garde;
„ 14. „ die junge und alte Garde;
„ 15. „ das 4. Corps;
„ 16. „ das 1. Corps und
„ 17. „ das 3. Corps.

Als das 5. Corps, die Spitze, am 15. November Lyädy erreicht hatte, standen noch 2 Corps in Smolensk; die Armee hatte sonach eine Tiefe von 9 Meilen oder 3 Märschen und am 17. zwischen Orzsa und Smolensk von 19 Meilen.

Die Lage der französischen Armee hätte die Russen um so mehr zur Entscheidung drängen sollen, als die Unbilden der Jahreszeit auch bei ihnen einen starken Reibungs-Coëfficienten bildeten.

Kutusow jedoch zeigte keine Eile; denn ungeachtet der fünftägigen Ruhe der Franzosen bei Smolensk, traf er am 14. und 15. November, als er sich von Süden kommend Krasnoj näherte, die Franzosen bereits im Marsche.

Wiewohl die Franzosen Smolensk, ihr erstes Ziel, erreicht und somit jenen Abschnitt, in welchem die Russen die grössten Erfolge erlangen konnten, auf ihrem Rückzuge schon durchschritten hatten, musste der wesentliche Gedanke der Russen noch immer das Zuvorkommen an einem günstigen Punkte und der Anfall der feindlichen Flanke sein.

Sie fanden die Verhältnisse zwischen Orzsa und Smolensk günstig, den Gegner geschwächt, getheilt und im Flankenmarsche ohne Deckung begriffen, dem Flussübergange bei Orzsa zustrebend.

Hier galt es die grösste Kühnheit und Energie an die Stelle der bisherigen Vorsicht zu setzen und mit dem linken Flügel sich Orzsa's zu bemächtigen, um dem Kriege mit einem Schlage ein glänzendes Ende zu machen.

Es folgt nun eine Reihe von Gefechten, aus denen allerdings das Bestreben der Russen sichtbar wird, diese günstigen Verhältnisse auszunützen, die aber, matt und ohne Energie geleitet, nicht zu dem gewünschten Resultate führten.

Die Gefechte am 13. und 14. gegen die Tête der französischen Armee bezeichnen den bedeutungsvollsten Moment, sowohl bezüglich der Zeit, als auch der Richtung, weil ein Erfolg mit der Hauptkraft hier erkämpft, geeignet gewesen wäre, die Katastrophe zu beschleunigen; sie bestanden aber nur in Kämpfen mit Kosaken und dem Streifcorps Ozarowski; ebenso begnügte sich Ostermann am 14. November, die Garde bei Korytnia zu kanoniren, ohne weiter ihren Marsch zu stören.

Auch am 15. war es nur eine Kanonade, mit der Miloradovitsch aus der Stellung bei Merlino die Garde belästigte.

Das Gefecht zwischen Miloradovitsch und Eugen am 16. hatte schon einen ernsteren Charakter; jedoch gelang es dem Vicekönig, unter dem Schutze der Nacht nach Krasnoj zu kommen, weil Miloradovitsch im Auftrage Kutusow's die Strasse eiligst frei geben musste.

Napoleon blieb den 16. mit der Garde in Krasnoj und ergriff selbst, um den Anschluss des 1. und 3. Corps noch zu ermöglichen, am 17. die Offensive, nachdem er schon in der Nacht vom 15. zum 16. das Streifcorps Ozarowski überfallen hatte, was die Vorsicht Kutusow's nur noch mehr steigerte.

Während Napoleon sich anschickte, mit nur 14.000 Mann Infanterie, 2200 Reitern und 30 Geschützen seinem Gegner kühn und rücksichtslos auf den Leib zu gehen, hatte Kutusow 80.000 Mann zur Verfügung, welche bereits seit dem 14. knapp vor Krasnoj und an der Rückzugsstrasse gestanden hatten, ohne es zu wagen, die halberfrorenen Trümmer der grossen Armee durch einen einfachen Druck zu zermalmen.

So gross war die Furcht Kutusow's vor Napoleon's Namen, dass dessen Anwesenheit allein ausreichte, um Kutusow von einem umfassenden Angriff abzuhalten.

Am 16. stand der linke russische Flügel unter Tormassow vor Krasnoj, das Centrum, wo sich das Hauptquartier befand, bei Schilowo, der rechte Flügel bei Merlino, als Kutusow, durch seine Umgebung gedrängt, für den 17. die Dispositionen zum Angriffe traf, um allen französischen Abtheilungen, die Krasnoj noch nicht passirt hatten, den Rückweg zu verlegen — eine Idee, die, wenn sie beim ersten Gefechte durchgeführt worden wäre, der ganzen französischen Armee jenes Schicksal bereitet hätte. Tormassow sollte hiezu nach Dobroje auf die grosse Strasse rücken, der Angriff concentrisch erfolgen und Miloradovitsch die Vereinigung der noch zurück befindlichen französischen Corps mit Napoleon verhindern.

Als Kutusow aber die entschlossene Haltung der gegenüber stehenden furchtbaren französischen Garde erblickte und die Anwe-

senheit Napoleon's nicht mehr bezweifelt werden konnte, widerrief
er, trotz seiner fünffachen Ueberlegenheit, alle Angriffsbefehle, zog
Miloradovitsch näher an sich heran, und schickte Tormassow die
gemessene Weisung, den Franzosen ja nicht den Weg zu verlegen.
Den Seelenzustand Kutusow's bezeichnet treffend nachfolgende,
von Beitzke wiedergegebene Erzählung Toll's:
„Es war ein baierischer Officier gefangen und zu Kutusow
„geführt worden. Der russische Oberbefehlshaber sprach sehr
„geläufig deutsch und begann den gefangenen Officier auszufragen.
„Er wollte vor allen Dingen wissen, wer bei Krasnoj den Ober-
„befehl führe? Der Officier erwiderte, er habe den Mann wohl gesehen,
„kenne ihn aber nicht. Kutusow scheute sich wohl, unmittelbar
„auszusprechen, was ihm auf dem Herzen lag; er suchte auf Um-
„wegen zum Ziel zu gelangen und begann dem Officier Napoleon's
„Signalement abzufragen. Ein oder zwei Mal erhielt er Antworten,
„die ihm bedenklich schienen; mit einem Gesicht, auf dem der
„Schrecken nur allzudeutlich zu lesen war, wendete er sich zu seiner
„Umgebung und sagte; „c'est lui". Der Feldmarschall fragte weiter:
„Ist er klein von Wuchs? Nein, er ist sehr gross, antwortete der
„Baier, der vielleicht den fast riesigen Mortier an der Spitze der
„jungen Garde gesehen haben mochte. Da klärten sich Kutusow's
„Züge plötzlich auf und mit grosser Befriedigung äusserte er nun
„gegen seine Umgebung: „Non, ce n'est pas lui".
„Die Scene hatte für die russischen Officiere, die zugegen
„waren, etwas sehr Peinliches. Doch sollte sich der Schrecken Ku-
„tusow's bald wiederholen. Es wurde ein Bauer herbeigeführt, der
„aus Krasnoj entsprungen war. Dieser berichtete bestimmt: Napo-
„leon selbst befinde sich in der Stadt, die von Leuten mit Bären-
„mützen besetzt sei. Die französische alte Garde war also nicht zu
„verkennen! Nun war kein Halten mehr und keine Einrede galt.
„Kutusow entsandte seine Adjutanten rechts und links an Tormassow,
„Miloradovitsch etc., augenblicklich inne zu halten und dem Feinde
„den Weg nach Orzsa frei zu lassen.
„Er vermochte seine eigene grosse Aufregung nicht zu verbergen."
Nachdem es also keinem Zweifel unterliegen kann, dass es
auf Seite Kutusow's nur Besorgniss vor Napoleon und seinen sieggewohnten Schaaren war, die ihn abhielt, die reife Frucht zu
pflücken, nach der er nur zu langen brauchte, so erübriget nur noch,
die von Kutusow und seinen Anhängern versuchte Motivirung seines
Benehmens einer widerlegenden Betrachtung zu unterziehen.

Der Ausspruch Kutusow's, er müsse seine Armee schonen, er gäbe nicht einen Russen für zehn Franzosen, widerlegt sich schon durch die Thatsache, dass die Russen von den 110.000 Mann, welche die Armee bei Tarutino hatte, bei aller Schonung und trotz Vermeidung von Gefechten nur etwa 40.000 Mann nach Wilna brachten. Diess macht einen Verlust von 70.000 Mann aus, und rechnet man dazu noch den Abgang bei Tschitschakoff und Wittgenstein, der durch die Friction verursacht wurde, so wird man der Ziffer 100.000 nahe kommen.

Dieser enorme Verlust wäre zu vermeiden gewesen, wenn Kutusow sich bestrebt hätte, die Sache bei Krasnoj zum Abschlusse zu bringen, was ganz in seiner Hand lag.

Er hätte den Krieg mit Ruhm geendet, während bei seinem Benehmen die französische Armee, obwohl durch die Macht des Winters so zu sagen zerstört, dennoch ihre Ehre und ihren Ruhm unbefleckt über den Niemen zurückbrachte.

Der allerdings sichern, aber langsamen Wirkung der Jahreszeit, des Hungers, der Noth die Vernichtung der französischen Armee allein überlassen zu wollen, war ein Gedanke, der weder gross, noch logisch richtig, noch practisch genannt werden kann, da Kutusow die Möglichkeit besass, in der nächsten Stunde dieses Ende herbeizuführen.

Die Jahreszeit und die Entbehrungen reducirten nicht allein in furchtbarem Masse die feindlichen Kräfte, sondern auch die eigenen auf ein Drittheil ihres Bestandes und von den Franzosen retteten sich immerhin noch eine beträchtliche Anzahl von Generalen, Officieren und Unterofficieren, welche die Rahmen und die Führer der neuen Aufstellungen abgaben.

Ein vernichtender Schlag bei Krasnoj hätte, aller Wahrscheinlichkeit nach, die Kriege 1813, 1814 und 1815 unmöglich gemacht.

Es bewahrheitet sich auch hier der Erfahrungssatz, dass nicht jene Kriege die blutigsten und opfervollsten sind, in welchen der Feldherr zu rechter Zeit und mit Entschiedenheit die nöthigen Opfer zu bringen versteht.

Jene Führer, die sich scheuen, grosse Erfolge durch grosse Opfer zu erkaufen, gehören in die Classe der kleinen Charactere, die der Armee und ihrem Lande durch ihre kleinlichen Anschauungen nur schaden, indem sie durch einen verlängerten Krieg die Opfer vervielfältigen und den Enderfolg doch noch in Frage stellen.

Günstige Gelegenheiten, wie sie z. B. die Russen bei Krasnoj hatten, wiederholen sich selten; es gehört daher zu den gröbsten strategischen Fehlern, solche Anlässe nicht zu benutzen.

Ebensowenig stichhaltig wie der erste, war der zweite Einwurf, dass Kutusow nämlich den Zustand des französischen Heeres nicht kannte und dessen Kraft überschätzte.

Da er seit 23. October mit dem Gegner in Fühlung stand, ja ihn eben desshalb auch directe verfolgen liess, und zahlreiche leichte Reiterei und Partheigänger zur Verfügung hatte, konnte er doch wohl über den Zustand der Franzosen nicht in bedeutendem Zweifel sein.

Aber selbst wenn dem so gewesen, so hätte Kutusow eben bei Krasnoj die beste Gelegenheit gehabt sich darüber Klarheit zu verschaffen, ohne etwas Besonderes dabei zu wagen; er brauchte dann eben nur den Gegner, der getrennt marschirte und in einer Flankenbewegung begriffen war, rücksichtslos anzufallen.

In einer solchen Lage, wo der Feind in einer ihm nachtheiligen Bewegung begriffen ist, wo der Angreifer, wenn er kühn darauf losgeht, Alles gewinnen kann, ohne viel einzusetzen, weil der Feind, selbst als Sieger, gar nicht im Stande ist, seinen Erfolg auszunützen, in einer solchen Lage ist zaghaftes, vorsichtiges Handeln fast mehr als fehlerhaft; und selbst, wenn der Einsatz gross, das Resultat weniger sicher gewesen wäre, hätte Kutusow sich zu energischer That aufraffen müssen; galt es ja doch grosse Erfolge zu erringen.

Welchen Werth hat denn überhaupt die parallele Verfolgung, wenn der Verfolgende sich damit begnügt, den Feind auf Parallel-Wegen zu cotoyiren, den entscheidenden Kampf aber vermeidet und so das, was der parallelen Verfolgung eigentlichsten Werth ausmacht, die günstigsten Verhältnisse, die sie für den Kampf schafft, ungenützt lässt?

Der einschüchternde Ueberfall in der Nacht zum 16. und die Offensive Napoleons am 17. mit seinen Elitetruppen erfüllten ihren Zweck durch die moralische Wirkung, welche ein solches Handeln stets im Gefolge hat.

Der Anschluss Davoust's wurde möglich und der Weg nach Orzsa frei.

Es ist ein ergreifender Gedanke, dass die Macht des Namens eines einzigen Mannes, dessen Genie allerdings auf allen Schlachtfeldern Europas geglänzt hatte, genügte, um die Trümmer seines Heeres bei Krasnoj vor dem unvermeidlichen Untergange zu retten.

Die Resultate des Kampfes und die Gefahr, Orzsa zu verlieren, machten es aber Napoleon unmöglich, länger auszudauern; er musste Ney seinem Schicksale überlassen.

Wenn wir die Anordnungen Napoleon's für den Marsch seiner Armee von Smolensk nach Orzsa in Betracht ziehen, so müssen wir annehmen, dass in dieser Jahreszeit die Beschaffenheit der Wege auf dem rechten Ufer des Dniepr keine solche war, welche es gestattet hätte, so schnell als nothwendig auf denselben fortzukommen und zugleich den Train mitzuführen, wiewohl es bei der Stellung beider Armeen für Napoleon wünschenswerth gewesen wäre, seinen Flankenmarsch durch das immerhin nennenswerthe Hinderniss, welches der Dniepr bieten konnte, zu decken; dagegen glauben wir, dass der gleichzeitige Abmarsch des 4., 1. und 3. Corps am 15., die Lage der Franzosen wesentlich gebessert haben würde.

Von den Russen nur durch Partheigänger matt verfolgt, kam der Rest der Armee nach Orzsa.

Kutusow liess seine Armee ruhen und marschirte dann nach Kopys, wo er am 24. eintraf; er brauchte sonach zum Zurücklegen einer Strecke von zehn Meilen die Zeit vom 18. bis 24. November, also sieben volle Tage, und das zu einer Zeit, wo die äusserste Anstrengung geboten war, um, im Vereine mit Tschitschakoff und Wittgenstein, Napoleon zu vernichten.

Die unter Yermoloff gebildete Avantgarde bekam den Feind nicht mehr zu sehen.

XVI.
Ueber die Lage der Franzosen auf ihrem Rückzuge an der Berezina.

Nach den Gefechten bei Krasnoj war die vornehmste Sorge Napoleon's die Vereinigung mit seinen Flügelcorps unter Oudinot, Victor, Wrede, Schwarzenberg, Reynier und Dombrowsky, dann das Erreichen seines nächsten Zwischensubjectes Minsk.

Dem entsprechend musste das Streben der Russen darauf gerichtet sein, Napoleon an der Realisirung seines Vorhabens zu hindern und die schon wiederholt versäumte Vernichtung desselben unter für ihn ungünstigen Verhältnissen endlich ins Werk zu setzen.

Diese, allerdings höchst unvollkommen und matt durchgeführte strategische Idee der Russen, und das Bestreben Napoleon's, in der

Richtung auf Wilna durchzubrechen, da er den Verlust von Minsk erfahren hatte, führten zu den Gefechten an der Berezina.

Die Verhältnisse im Rücken der französischen Armee hatten eine Napoleon ungünstige Wendung genommen, die Thätigkeit und die Wirkung der Flankencorps seinen Erwartungen nicht entsprochen.

Die unentschlossene Kriegführung Schwarzenberg's, der mit seinem eigenen und dem Corps Reynier, dann der Division Durutte noch zur Zeit des Schlussactes 40.000 Mann stark war, machte es Tschitschakoff möglich, mit der einen Hälfte seiner Armee unbelästigt die Berezina zu erreichen und im Rücken Napoleon's zu erscheinen.

Trotz seiner 46—48.000 Mann liess sich Schwarzenberg durch Sacken, der keine 27.000 Mann hatte, festhalten. Als er sich endlich anschickte, Tschischakoff zu folgen, brachte das siegreiche Gefecht von Wolkowysk eine totale Aenderung seiner Entschlüsse hervor.

Statt Sacken, der empfindlich geschlagen worden war und fast die Hälfte seiner Streiter verloren hatte, für die nächste Zukunft, da er ganz ungefährlich geworden war, durch Reynier verfolgen zu lassen, selbst aber mit dem grössten Theile der Kraft eiligst über Minsk Tschitschakoff nachzurücken, ein Handeln, welches im Interesse des Zusammenwirkens aller Theile, wie das natürlichste, so auch das richtigste gewesen wäre, — gab Schwarzenberg seine ursprüngliche Absicht auf und rückte Sacken nach.

Auf den bestimmten Befehl, schleunigst auf Minsk zu marschiren, den er am 25. November in Kobryn erhielt, brach er zwar am 27, dahin auf, doch viel zu spät, um noch etwas zu nützen. Er brachte dadurch Napoleon an der Berezina in die verzweifeltste Lage und es erwies sich somit die Niederlage der Russen bei Wolkowysk für diese als von bedeutendem Vortheil.

Ebenso ungenügend erfüllten die nördlichen französischen Corps ihre Aufgabe; denn obwohl im Beginne und in ihrer Gesammtheit Wittgenstein an Zahl der Streiter überlegen, waren sie endlich von demselben doch bis in die Gegend von Czasniki zurückgedrängt worden und der Feind somit auch an dieser Seite der französischen Rückzugslinie bedenklich nahe gekommen. Macdonald, der an der untern Düna überflüssig war, konnte füglich herbeigezogen werden; allerdings hätte diess bei Zeiten verfügt werden müssen.

Von den Subjecten der französischen Operationslinie waren Witebsk, Borizow und Minsk in des Feindes Hände gefallen.

Witebsk, wo grosse Vorräthe aufbewahrt waren, wurde durch ein Streifcommando Wittgenstein's weggenommen; Minsk mit zwei

Millionen Rationen ging an Tschitschakoff, Borizow, der einzige Uebergang über die Berezina, welcher Fluss, die französische Rückzugslinie kreuzend, einen wichtigen Abschnitt bildete, an denselben verloren, ungeachtet der tapfersten Gegenwehr der polnischen Division Dombrowsky. Diese Verluste steigerten die schlechte Lage Napoleon's zur verzweifelten.

Nebst den Fehlern der Flankencorps lag die Ursache dieser unheilvollen Situation in der theils mangelhaften, theils gänzlich versäumten Befestigung der genannten werthvollen Objecte.

Das Grundprincip der Kriegführung Napoleon's bestand in dem Suchen der Entscheidung durch grosse strategische Züge und durch kräftige taktische Schläge. Dieses Princip, gefördert durch die Genialität seines Trägers, hatte auf allen Kriegsschauplätzen Europa's den Sieg an die französischen Fahnen gefesselt; es war ganz besonders in dem Feldzuge 1812 der leitende Gedanke Napoleon's gewesen.

Während er jedoch zu anderen Zeiten der Sicherheit durch Befestigungen an den wichtigsten strategischen Punkten in seinem Rücken Rechnung trug, vernachlässigte er diese Sorge, auf seine kolossale Ueberlegenheit bauend und auf eine rasche Entscheidung zählend.

So kam es, dass er, man könnte sagen, durch sein eigenes, an sich so richtiges System sündigte, weil er dessen Consequenzen bis zum Ende nicht genügende Rücksicht zollte.

Für die Russen war bezüglich des Zuvorkommens die Berezina die letzte und zwar ganz besonders günstige Stelle, theils durch die vorhandene Abschnittbildung, theils durch den Umstand, dass dazu die Seitencorps mitwirken konnten.

Factisch wurde es erzielt, indem Tschitschakoff am 21. November das rechte Ufer dieses Flusses erreichte.

Als Napoleon an der Berezina anlangte, hatte er noch 30.000 Mann, wobei 4000 Reiter, unter den Waffen, einen ohne Brücken nicht passirbaren, zwischen sumpfigem Uferlande dahinströmenden Fluss vor sich, dessen jenseitiges Ufer durch 30.000 Mann bewacht war, ein ebenso starkes feindliches Corps etwa fünf Meilen entfernt in der Flanke, und eine Armee von 70.000 Mann hinter sich; er hatte keine Verpflegung, beinahe keine Artillerie, keinen Brückentrain.

Eine solche Situation verdient wahrlich eine verzweifelte genannt zu werden.

Demungeachtet findet dieser unerreichte Feldherr in seinem genialen Geiste die Mittel, um die Reste seines Heeres, die vertrauensvoll auf ihn blicken, die trotz der namenlosesten Leiden, Mühen und Entbehrungen ihm keinen Augenblick den Gehorsam versagen, aus einer Lage zu retten, die in der Kriegsgeschichte wohl ohne Beispiel dasteht; ja es gelingt ihm sogar, den Gegner zu schlagen und ihm zahlreiche Gefangene abzunehmen.

Napoleon hatte nur die Wahl, entweder nordwärts auszuweichen, um auf einem Umwege sein nächstes Subject Wilna zu erreichen oder directe durchzubrechen; er wählte das letztere; er wollte über den Leib des Gegners rücken, was der kühnste Entschluss zu sein scheint; „allein die Gefahren des Augenblicks be-„herrschen den Menschen stets am gewaltsamsten, und darum „erscheint oft als eine Verwegenheit, was in letzter Instanz gerade „der einzige Rettungsweg, also die höchste Vorsicht ist; allerdings „ist es aber nur die Grösse des Charakters, welche fähig macht, „solche Wege mit Vorsicht zu gehen." *)

Für die Ausführung galt es nun vor Allem, den Gegner über denjenigen Punkt zu täuschen, den er zum Uebergange aussersah, weil davon das Gelingen, also die Rettung abhing.

Hatte die Niederlage Platen's bei Loschniza Tschitschakoff schon vorsichtig gemacht, so waren der Marsch auf Borizow und klug verbreitete Nachrichten über die Absicht, bei Ucholoda überzugehen, genügend, alle Aufmerksamkeit auf die Fluss-Strecke südlich von Borizow zu lenken, ja selbst die von Tschaplitz gemeldeten Vorbereitungen zum Brückenbaue bei Studienka deutete man als Demonstration.

Auf diese Weise gelang es Napoleon mit Verlust der Division Partounneaux, die bei Borizow die Täuschung bis zum letzten Augenblicke erhalten sollte, und einer grossen Anzahl Nachzügler und Bagagen, seine Armee auf das linke Ufer zu bringen, und am 27. und 28. bei Stachow, Tschaplitz und Tschitschakoff, ohne selbst die Garde ins Gefecht zu bringen, einen empfindlichen Schlag zu versetzen.

Es ist ein erhebender, überwältigender Anblick, zu sehen, wie das Genie eines Mannes, die Macht seines Namens und seiner Persönlichkeit, die Armee aus einer Lage befreite, die unter gewöhnlichen Verhältnissen und bei genügender Thätigkeit des Gegners eine Capitulation herbeiführen musste; das Genie, indem es den kühnsten aber auch richtigsten Weg wandelte; die Macht seines

---

*) Clausewitz.

Namens, indem sie den Gegnern unüberwindliche Scheu einflösste, sich mit dem gereizten Löwen zu messen; seine Persönlichkeit, indem sie die Seinen zu den grössten Leistungen entflammte.

Clausewitz sagt hierüber eben so schön als wahr:

„Der Zufall*) hat Napoleon unstreitig begünstigt darin, dass er „in der Nähe von Borizow noch einen so vortheilhaften Punkt fand, „wie der von Studienka es für den Uebergang selbst war, aber die „Hauptsache hat der Ruf seiner Waffen gethan, und er zehrte also „hier von einem längst zurückgelegten Capital. Wittgenstein und „Tschitschakoff haben ihn beide gefürchtet, ihn, sein Heer, seine „Garden; eben so wie Kutusow ihn bei Krasnoj gefürchtet hat.

„Keiner wollte sich von ihm schlagen lassen. Kutusow glaubte „den Zweck auch ohnedem zu erreichen; Wittgenstein wollte den „eben erworbenen Ruhm nicht daran geben, Tschitschakoff nicht „einen zweiten Echec erleiden.

„Mit dieser moralischen Macht war Napoleon ausgerüstet, als „er sich aus einer der schlimmsten Lagen zog, in welcher sich je „ein Feldherr befunden hat.

„Aber freilich machte diese moralische Potenz nicht Alles; „die Stärke seines Geistes und die kriegerische Tugend seines Heeres, „die auch von den zerstörendsten Elementen nicht hatten ganz über- „wunden werden können, mussten sich hier noch einmal in vollem „Glanze zeigen.

„Die Ehre hat die französische Armee hier vollkommen „gerettet, ja sogar noch neue erworben."

---

*) Die leichte Reiterbrigade Corbineau sollte nach dem Rückzuge von Polock zu Victor stossen. Sie marschirte über Zembin, in der Absicht, die Berezina über die Brücke von Borizow zu überschreiten. In der Höhe von Studienka erfuhr Corbineau, dass jene Stadt und der Brückenkopf in den Händen Tschitschakoff's seien.

Er durchritt nun bei Studienka am 21. November Abends mit seiner Brigade den Fluss durch eine Furth, die ihm ein Bauer zeigte, an der das Wasser nur $2^{1}/_{2}'$ Tiefe hatte.